Christoph Dickel
Holger Noack (Hg.)
Update Jugendarbeit

Christoph Dickel
Holger Noack (Hg.)

Update Jugendarbeit

Aussaat Verlag

ABC team

ABC-Bücher erscheinen in folgenden Verlagen:
Aussaat Verlag Neukirchen-Vluyn
R. Brockhaus Verlag Wuppertal und Zürich
Brunnen Verlag Gießen und Basel
Christliches Verlagshaus Stuttgart
Oncken Verlag Wuppertal und Kassel

Titelgestaltung: Hartmut Namislow
Gesamtherstellung: Breklumer Druckerei Manfred Siegel KG
Printed in Germany
ISBN 3-7615-3607-0
Bestell Nr. 113 607

Inhalt

Vorwort

Missionarische Jugendarbeit steht in der Spannung zwischen Bewahren und Bewegen. Sie kann nicht einfach ihre Herkunft verleugnen und ihre Traditionen kappen – so verlöre sie nur ihr Gesicht, vielleicht auch ihre Sprache. Sicherlich verschenkte sie so ihre Ziele: Junge Menschen mit dem Evangelium von Jesus Christus zu erreichen, sie zum Glauben einzuladen und in eine Gemeinschaft zu integrieren, in der jede(r) einzelne gefördert und gefordert ist.
Missionarische Jugendarbeit fördert, indem sie in einer Gemeinschaft jungen Menschen emotional und sozial Sicherheit vermittelt und sie in ihren Lebensfragen und Lebensproblemen begleitet.
Missionarische Jugendarbeit fordert aber auch, weil junge Menschen zugleich in dieser Gemeinschaft Verantwortung übernehmen. Missionarische Jugendarbeit ist keine Veranstaltung der Älteren für „die Jugend", sondern das Angebot von jungen Menschen für junge Menschen, miteinander auf Jesus Christus zu hören und ihr Leben von ihm gestalten zu lassen.
Zugleich kann missionarische Jugendarbeit nicht die Aktualität verschlafen und ihre Gegenwart ignorieren, denn dann würde sie ihre Bedeutung für junge Menschen verlieren. Sie würde nicht mehr verstanden, geschweige denn, akzeptiert werden. Missionarische Jugendarbeit muß dran bleiben an den Lebensfragen der Zeit und muß zum kritischen Zeitgenossen der Lebensformen werden. Sie muß auf die Frage: „Warum lohnt es sich Christ zu sein?" nicht mit theoretischen Abhandlungen oder eilfertigen Parolen antworten, sondern mit dem konkreten, erfahrbaren Angebot einer Gemeinschaft, die durch den Glauben an Jesus Christus geprägt ist. Junge Menschen sind dabei kritisch – und das ist gut, denn so muß der Glaube im Leben junger Christen Gestalt gewinnen, damit er auch für andere attraktiv wird.

Bewahren und Bewegen stehen in der missionarischen Jugendarbeit aber nicht ausgeglichen nebeneinander, in bequemer Harmonie, sondern befragen und bedrängen sich gegenseitig: Zu starkes Bewahren läßt erstarren, reines Bewegen läßt zerfließen – wie kann sich beides statt dessen ergänzen und fördern? Im Bild gesprochen: Wie sieht ein Update für die Jugendarbeit aus, das zum einen auf den vorhandenen Programmen aufbaut, sie aber zugleich erneuert und erweitert. Ein Update hebt das Alte auf – im doppelten Sinne: Das Alte ist im Neuen aufgehoben und damit bewahrt und zugleich ist es durch das Neue aufgehoben und damit ersetzt. Beides gehört zusammen und ergibt die unaufgebbare Spannung jeder Erneuerung.

„Update Jugendarbeit" ist eine Sammlung von Aufsätzen zur missionarischen Jugendarbeit. Anlaß ist ein Jubiläum des CVJM-Westbundes: 1998 ist er 150 Jahre alt geworden. Das ist eine Gelegenheit, Bestehendes zu sichten und Neues anzufangen. Dazu sollen 12 Artikel dienen. Die Autorinnen und Autoren aus unterschiedlichen Bereichen der Jugendarbeit geben vielfältige Anregungen, wie ein solches Update aussehen könnte. Ihre Aussagen sind keine fertigen Rezepte, sondern Impulse zum Nachdenken und Nacharbeiten. Deshalb schließen die Artikel mit Fragen oder Zusammenfassungen. Sie sollen dazu anregen, die bestehende Arbeit zu überdenken, um Ansatzpunkte für ein Update der Jugendarbeit vor Ort zu entdecken.

Danken möchten wir den Autoren für die gute Zusammenarbeit und vor allem Friedhelm Ringelband, der immer wieder dafür gesorgt hat, daß alles zusammenfand, was zusammengehörte.

Christoph Dickel, Holger Noack
Wuppertal, Juni 1998

Erst mal einen Blick drauf werfen

1 Spaß muß sein – aber ein Job wär' auch nicht schlecht

Jugendliche zwischen Anspruch und Wirklichkeit

Viele reden heute von einer Fun- und Spaßgesellschaft. Besonders Jugendliche stehen in dem „Verdacht", nur auf Unterhaltung, Spaß und Fun aus zu sein. Ich möchte mit diesen Zeilen nachweisen, daß junge Menschen nur ein „Produkt" ihrer Zeit sind. Wir Erwachsenen haben ihnen die Welt, in die sie hineingeboren wurden, „geliefert".
Und wir sind selbst „Kinder unserer Zeit" – mehr als wir uns dies bewußt machen. Das kann uns aber nicht davon abhalten, nach Wegen zu suchen, um hinter die oberflächliche Fassade zu schauen und mit dem einzigartigen Angebot Gottes jungen Menschen zu begegnen. Aber zunächst geht es darum, ihre Lebenssituation zu erfassen.

Der Spaß ist ziemlich teuer – wer kann sich eigentlich das Leben leisten?

Den Lebensanspruch formulieren wir nicht nur selbst. Er wird uns schon in die Wiege gelegt. Wir saugen ihn mit der Muttermilch ein. Heutige Eltern von jungen Menschen sind mitten im Wohlstand aufgewachsen – oder haben sich – wenn sie im Osten Deutschlands gelebt haben – längst dem Konsumverhalten angepaßt. Von Ausnahmen abgesehen, sind die Jugendlichen die „Erben" einer Generation, die einen hohen Lebensstandard genießt und ihren Kindern alle Türen öffnet, um das Leben zu meistern. Ihre Eltern gehören zu der Generation, die das tut, was die Werbung als erstrebenswert präsentiert: Mehrmals im Jahr gehen sie in Urlaub, die Mobilität wird durch (oft mehrere) Autos im Haushalt sichergestellt, der Wohnraum ist vorhanden oder man strebt Grundbesitz an.

Erschütterungen des konsumorientierten Verhaltens können bei dieser Generation nur durch Krankheit, Arbeitsplatzverlust, Scheidung oder geschäftliches Desaster eintreten.

Junge Leute bekommen also von Anfang an mit: Das Leben kann sich nur leisten, wer etwas leistet. Jeder Spaß hat seinen hohen Preis. Umsonst fliegen einem die gebratenen Tauben nicht in den Mund. Du bist nur etwas, wenn du etwas hast – etwas zum Verbrauchen, Konsumieren und Kaufen.

Leben ist teurer geworden – mindestens ein Leben, das, von außen betrachtet, sich „etwas leisten" kann. Der „Spaß Leben" scheint für viele junge Leute ziemlich hoch und unerreichbar zu hängen. Denn dieses Leben kann nur bezahlen, wer einen Ausbildungsplatz bekommt, dann einen Arbeitsplatz hat und volle Leistung bringen kann.

Manche wissen: Diesen hohen Anspruch kann ich nicht erfüllen. Dann bleibt nur die Flucht in den kleinen Spaß: die Disco am Wochenende, die Party beim Geburtstag, den Freund/die Freundin zum Kuscheln. Manche brauchen mehr an Spaß: die Flasche Bier oder Schnaps, den Joint nach der Schule, den Computer und das Internet. Aber stop: Das kostet ja wieder Geld – und wenn ich es nicht habe?

So wird der Anspruch junger Leute „von außen" gesetzt: die Eltern mit ihrem Lebensstil, die Mitschüler an jedem Tag, das Angebot in der Werbung. Die eigene Sehnsucht nach ein wenig Spaß oder gar Glück hat ihre Gründe in dem, was mir tagtäglich vorgelebt wird.

Ohne Moos nichts los – der Egoismus hat viele Gründe

Wer in diesem konsumorientierten Denken und gesellschaftlichen Umfeld aufwächst, wird sich sehr schnell auf eine einzige Frage konzentrieren: Woher bekomme ich das Geld für das teure und erstrebenswerte Leben? Und dann konzentriert sich alles auf die Frage: Wieviel „Kohle" kommt dabei heraus? Wieviel verdiene ich? Und alles, was nicht letztendlich auf Verdienst hinausläuft, läßt man weg.

Die Wegwerfmentalität hat hier ihre Wurzeln. Ich sehe auf mich. Und alle sagen mir: Sieh auf dich! Du mußt zu etwas kommen. Was dich daran hindert – wirf es weg!

Die „Einzelkindfamilie" wird zum Standard. Ich muß mit niemandem teilen. Schon frühzeitig habe ich mein „Jugendzimmer", meinen Fernseher, meine Stereoanlage, mein Moped, meine Musik, mein Bankkonto. So fällt es vielen jungen Leuten schwer zu teilen, Rücksicht auf andere zu nehmen, ganz selbstverständlich eine Arbeit für andere zu tun.

Viele verbringen ihre Freizeit vor dem Fernseher und zappen sich durch die Kabelkanäle. Es ist nicht nötig, im Haushalt mitzuhelfen, denn die Mütter oder Väter erledigen alles Notwendige für die Kinder. Jungen und Mädchen lernen keine Hausarbeiten, können kaum kleine Mahlzeiten kochen, die Spülmaschine erledigt fast alles und den Einkauf besorgen die Eltern.

Dazu kommt, daß viele von alleinerziehenden Elternteilen durchs Jungsein begleitet werden – Teilen ist noch weniger angesagt und die Erziehung wird nicht mal durch einen Vater „gestört", an dem man sich reiben, messen und seinen tiefen Egoismus relativieren könnte.

Was bleibt einem als geborener und erzogener Egoist? Es bliebt nur die Frage nach dem Geld, nach dem, was an Geld, an Vorteil, an Konsummöglichkeiten bei allem für mich abfällt.

Wir können dies alles nicht den Jugendlichen und jungen Erwachsenen vorwerfen. Sie sind wie jede Generation: Kinder

ihrer Zeit. Die Elterngeneration hat sie zu diesem Verhalten hin erzogen und geprägt. Kaum einer wagt, auszusteigen aus diesem „Ego-Lebenstrip". Besonders, wenn er keinem anderen Lebensmodell begegnet, das ihn fasziniert. Dieses ganz andere Lebensmodell wäre eine herausfordernde Chance, aus dem geldorientierten Konsumverhalten auszubrechen und andere Ziele zu suchen.
Wenn wir aber nicht erkennen, was junge Leute geprägt hat, dann werden wir kaum gegensteuern können.
Jede pauschale Verurteilung Jugendlicher in hochnäsiger Distanzierung wird ihnen nicht gerecht. Und jede pauschale Verurteilung ihres Lebensverhaltens oder analytische Objektivierung allein geschieht in der Haltung des Pharisäers: „Herr, ich danke dir, daß ich nicht bin wie alle diese Jugendlichen – egoistisch, selbstbezogen und geldgeil."
Wir sehen in ihnen nur einen Spiegel des eigenen Verhaltens. Wer dies erkennt, wird bescheiden. Wir sind selber „Kinder unserer Zeit", und wir können nur zusammen neue Wege suchen.

Wir haben alle Buntfernsehen – die Multioptionsgesellschaft hat uns fest im Griff

Durch Mobilität und tausendfache Angebote haben wir nur eine Sorge: nichts zu verpassen. Wer will sich schon für ein ganzes Wochenende entscheiden? Wer will einen ganzen Abend in einem Jugendkreis verbringen? Vorher gibt es auch noch etwas, was ich nicht verpassen will. Und kurz vor Schluß des Abends beginnt schon ein neues „Event", irgendwo ganz anders. Selbst Mitarbeiter in der missionarischen Jugendarbeit leben in vollen Zügen nach den Gesetzen der Multioptionsgesellschaft. Man nippt nur noch an den Angeboten. Gleichzeitig hat man tausend andere Optionen im Kopf und versucht, davon möglichst viel auf einmal mitzunehmen.

Die Klage über mangelnde Verbindlichkeit, Verläßlichkeit und Hingabe geht ins Leere und kann von jungen Menschen nur mit Unverständnis und Kopfschütteln quittiert werden. Verbindlichkeit wäre Konzentration, das ständige Gefühl, Wichtigstes zu verpassen – also was soll diese Forderung?
Ganze Industrien leben von der Angst, eine „Option" zu verpassen. Wer auf eine Reise geht, kauft sich nicht nur einen Reiseführer: Um ein Gesamtbild seines Reiselandes zu bekommen braucht er mindestens ein halbes Dutzend solcher Bücher, dazu noch die passende CD-ROM und den Videofilm zum Reiseland.
Möbel kaufe ich nicht für ein Leben. Ich kaufe sie höchstens für einen Lebensabschnitt, einen Lebensabschnittspartner, eine Wohnung – beim nächsten Wohnort habe ich eine neue Option.
Nichts mehr verpassen, das ist die ultimative Lebensdevise des Zeitgeistes, der uns prägt. Jeder Widerstand scheint zwecklos, jede Alternative ohne Chance.
Im Konsumverhalten müssen wir weithin mit der Multioptionsgesellschaft leben und rechnen. Die Tragik ist: Wir übertragen diese Haltung auf alle menschlichen, religiösen und gesellschaftlichen Beziehungen. Die Folge ist: Ein Nicht-entscheiden-Können für eine Sache. Der ständige Wechsel wird zum Lebensprinzip.
Ein Beispiel: Die gegenwärtige Anti-Aids-Kampagne durch Großplakate listet auf, daß immer mehr Menschen Kondome beim Geschlechtsverkehr benützen. Mit steigenden Prozentzahlen werden die Leute aufgefordert: Weiter so! Jeder scheint selbstverständlich davon auszugehen, daß eine Option mit nur einem Partner, vielleicht sogar für das ganze Leben, so minderheitenverdächtig ist, daß diese „Lebensoption" kaum zu Buche schlägt. Fast suggeriert diese Anti-Aids-Kampagne: Jeder „macht es" mit vielen. Warum sollte ich mich da ausnehmen? Denn antiquiert will ich nicht leben!

Die gleiche Haltung dient auf dem Gebiet der Religion und des Glaubens meist dazu, sich mit nichts gründlich zu beschäftigen, alles zu tolerieren, keine der Optionen näher in den Blick zu nehmen.
Die Multioptionsgesellschaft produziert Oberflächlichkeit: die schnelle Begegnung, der One-Night-Stand, der schnell wechselnde Konsum von Kulturangeboten sind an der Tagesordnung. Es ist einfach bequemer, die Krisen nicht durchstehen zu müssen, die eine lebenslange Partnerschaft beinhaltet. Warum soll ich mir die denn ans Bein binden?
Für die Religion genügen mir ein paar erhebende Augenblicke. Die kann ich mir in einem christlichen Dom, bei einem Kirchenkonzert, während einer Messe oder in einem „Pur-Konzert" reinziehen. Dazu braucht es keine Festlegung auf einen Glauben.
Das Leben haben wir bunt. Warum sollen wir auf genaue Kontraste achten? Aber so voller Spaß ist das alles nicht. Denn das Leben kann keiner kaufen.

Der Markt ist voll – das Unverzichtbare ist rar geworden

Kann man in dieser „schönen, neuen, leichten Welt" leben? Offensichtlich. Viele tun es anscheinend problemlos. Sollen wir kulturpessimistisch beiseite stehen und moralistisch und besserwisserisch das Gesicht verziehen?
Wenn der Markt voll ist – was tun wir Christen, Menschen, die das Evangelium erfahren haben? Bleiben wir an der Klagemauer der Ewig-Gestrigen stehen und vollführen unsere Übungen, die keiner mehr versteht?
Haben wir etwas Unverzichtbares in unserem Marktkorb, mit dem wir auf den unübersehbaren Markt des Lebens gehen könnten, um unser Angebot zu machen? Oder haben wir im Marktkorb nur etwas für eine Minderheit, für den Teil der Gesellschaft, der in dieser schönen und neuen Welt keinen

Platz hat? Haben wir nur für die Armen eine Ware anzubieten? Und was passiert, wenn wir mit unseren Angeboten den Marktplatz der Welt betreten? Sind wir dann nicht ein Angebot unter vielen? Sticht unsere Lebensoption so heraus, daß sie nicht übersehen werden kann? Wir müßten etwas haben, was den Charakter der Einmaligkeit besitzt, auf das keiner, der ernsthaft leben will, verzichten möchte.

Jedes Scheinangebot, das wir präsentieren, wäre sofort durchschaut und dem Qualitätsvergleich unterworfen.

Würden wir unsere Freundschaft auf den Markt des Lebens tragen, dann müßte sie dem Vergleich mit anderen Beziehungen, die möglich sind, standhalten. Kann sie das, wenn man die Wirklichkeit der Vereine und Gemeinden, die sich christlich nennen, anschaut?

Würden wir unsere Gemeinschaftsangebote auf den Markt des Lebens tragen, dann müßten sie dem Vergleich mit anderen nichtchristlichen Gemeinschaftformen standhalten. Können das unsere Angebote?

Würden wir unsere Zuwendung zu jungen Menschen auf den Markt des Lebens tragen, dann müßte unsere Zuwendung gegenüber anderen etwas Besonderes sein. Ist sie das wirklich?

Wir haben im Marktkorb unseres Leben nur ein Gut, das unvergleichbar ist. Und dieses Gut haben wir nicht selbst hineingelegt. Wir fanden es überraschend vor und stehen noch immer staunend davor: Gott ist unser Leben wichtig. Wir sind für ihn unverzichtbar. Er sehnt sich mit aller seiner Macht nach uns. Er sucht tausend Wege, um uns zu finden. Er will nicht, daß wir auf unsere Ewigkeit verzichten. Unser Leben ist nicht beendet, wenn die Möglichkeit des Konsums beendet ist. Unser Leben scheitert nicht am verlorenen oder fehlenden Arbeitsplatz. Unser Leben geht nicht verloren, wenn uns das Geld für die Träume des Materialismus fehlt.

Unser Leben scheitert an der fehlenden Beziehung zum lebendigen Gott. Und wer seine Ewigkeit nicht hier erfährt und ent-

deckt, lebt am Leben vorbei – trotz aller Glücksmomente, die ihn streifen.
Also haben wir Seltenes und Rares im Marktkorb unseres Lebens. Viele ahnen immer noch, daß ihnen das Entscheidende fehlt. Die Großen und Klugen haben davon geschrieben und gedichtet. Aber wenige haben erfahren, daß ihnen die Ewigkeit fehlt.
Manche haben dieses einzig Unverzichtbare im christlichen Marktkorb überdeckt mit anderen, einsichtigeren Angeboten wie christlichen Werten und moralischen Lebenshilfen, einem sozialen Gewissen und sonstigem. Ewigkeit scheint unzumutbar zu sein. Sie scheint überhaupt nicht jugendlich zu sein.
Und doch ist sie das einzige, was bleibt, wenn alles erlebt worden ist, wenn jede Option verwirklicht ist, wenn das Lebenshaus steht oder schon wieder der Abriß droht.
Ich bin sicher: Junge Leute ahnen und verstehen, was Gott schenkt. Hat er doch versprochen, daß er selbst der Übersetzer seiner Wahrheit ist. Jesus sagt: „Wer mich hat, der hat das Leben – wer mich nicht hat, der hat das Leben nicht." Nicht weniger hat er den Christen in den Marktkorb gelegt als dieses ewige Leben. Mit dem ewigen Leben erfahren wir eine Lebensqualität, die keiner Steigerung mehr bedarf. Jesus sagt: „Wer von diesem Wasser trinken wird, das ich ihm gebe, den wird nie mehr dürsten." Warum sollten wir mit diesem Angebot nicht auf den Markt des Lebens gehen?

Wo wir uns selbst wohlfühlen – Gastlichkeit als Grundprinzip unserer Jugendarbeit

Jahrzehntelang haben wir in der missionarisch orientierten Jugendarbeit viel Wert auf Gruppenbildung, Gruppenprogramme, Veranstaltungstypen, Kreativität, öffentliche Jugendtreffpunkte, Urlaubsangebote und sportliche Betätigung gelegt. Das überschaubare Gemeinschaftserlebnis war unsere besondere Methode.

Ich beobachte, wie sich in unserer Zeit die Methoden zusehends verändern.
Ohne die genannten Programmangebote abschaffen zu wollen, ist heute eine ganz andere Konzeption gefragt. Sie setzt bei den Defiziten junger Leute an und geht darüber hinaus, weil sie wieder anknüpft an die urchristliche Praxis.
Das besondere „Pfund" der ersten Christen war Gastfreundschaft. Kein Wunder, daß Paulus in seinen Briefen öfters die Sprache darauf bringt: „Gastfrei zu sein, vergeßt nicht" gehört ebenso zu seinen „Standards" wie die Aufforderung an die Leiter (die Bischöfe waren zunächst alle ausschließlich ehrenamtliche Leiter), „gastfrei" zu sein. Mit der Aufnahme umherziehender Händler, die zugleich oft Verkündiger des Evangeliums waren, entstand eine Art „Hausgemeinschaft auf Zeit", die gegenüber der heidnischen Umwelt ein Zeichen des neuen Zeitalters durch Jesus setzte.
Erfahrene Jugendleiter wissen auch aus alter Zeit, daß das „offene Haus" und das „offene Herz" den CVJM in einem Ort baute und prägte. Heute stehen wir vor neuen Aufgaben in dieser Sache. Die Welt bewegt sich immer rasanter. Es gibt kaum Ruhezonen und verläßliche „Zuhause-Gefühle" für viele junge Menschen. Durch die Berufstätigkeit beider Elternteile werden die Kinder sehr bald fremden Menschen anvertraut: Krippe, Hort, Kindergarten, Schule sind die „gemeinschaftlichen Karrierestationen" vieler junger Menschen. In den neuen Bundesländern ist dies ausgeprägter als in den alten. Es gibt kaum gemeinsame Mahlzeiten, Kontaktzeiten und Unternehmungen. Die Selbstbedienung aus dem Kühlschrank ist die Grundversorgung vieler Kinder. Durch flexible Arbeitszeiten und kommende Sonntagsarbeit sind wir in einem „rollenden Zeitgefühl", das ein Gefühl der Zusammengehörigkeit schwer macht. Die Sehnsucht nach „Zuhause-Sein" prägt viele junge Leute.
Darauf muß die missionarische Jugendarbeit mit neuer Gastlichkeit reagieren. Das hat erhebliche Konsequenzen.

Die Kernprogramme der Gruppenstunden brauchen eine „Anwärmphase“ des gemeinsamen Essens und Trinkens oder werden umrahmt durch gastliches Ambiente. Dies ist bereits weithin Praxis und schließt die Gruppe zusammen und öffnet sie für die Verkündigung der frohen Botschaft.
Immer wichtiger werden Wochenend- und Ferienprogramme, in denen das gemeinsame Leben, also Feiern, Spielen, Essen, Arbeiten, Sprechen erfahren und gelebt wird. Höhepunkt könnte die sorgfältig vorbereitete Abendmahlsfeier für junge Leute sein.
Die Räume für unsere Jugendarbeit brauchen ein gastliches Konzept. Es ist heute kaum denkbar, daß es Jugendhäuser, Gemeinderäume und Kirchen ohne die Möglichkeit gemeinsamen Essens und Feierns gibt. Es ist undenkbar, daß sich Christsein auf den Besuch von Veranstaltungen, Gottesdiensten oder Programmen reduziert. Wir brauchen keine Kirchen, in denen man sich nur jeweils ins Genick starrt und wie in einem Hörsaal der Alleinvorstellung des „studierten Dozenten“ lauscht.
Die ersten Kirchen der Christen waren keine Gottesdiensträume im heutigen Sinn. Ich stelle mir vor, daß alle in Tischgruppen saßen oder lagen und trotzdem auf die Verkündigung lauschen konnten, gemeinsam beteten, die Tischgemeinschaft inklusive Abendmahl feierten. Diese Gemeinschaften zogen die Menschen an. Durch diese Gemeinschaften erfolgte die Ausbreitung des Evangeliums, hier wurden die Sünder überführt und hier geschahen vielfältige Wunder.
Müssen wir nicht heute ganz konsequent und schnell dieser Konzeption von Gastlichkeit Raum geben? Vielleicht können wir nicht warten, bis sich Kirchen bequemen und umdenken. Aber wir können im CVJM das Neue schon einmal leben und praktizieren.
Dabei müssen wir noch einen entscheidenden Schritt weitergehen. Die Konzeption der Gastlichkeit muß auch eine öffentliche Konzeption bekommen. Wir brauchen (besonders in

städtischen Ballungsräumen) öffentliche Gaststätten als verlängerten Arm unserer Jugendarbeit. Wir brauchen in der Kultur unserer Welt Kontaktfelder, die bei den Besuchern keine geistlichen Voraussetzungen erfordern. Nur weil unsere Atmosphäre gut ist, kommt man zu uns, fragt man uns an, lernt man uns kennen und hat die Möglichkeit, weitere Kontakte aufzubauen. Es gibt eine „Theologie der Gastfreundschaft" im Neuen Testament – von Jesus angefangen bis zu Paulus. Jetzt muß unsere Praxis nach ihr ausgerichtet werden. Wo wir uns selbst wohlfühlen – zu dem laden wir auch gerne andere ein.

Die Erzähler haben alle Chancen – das biblische Wort ist spannend

Immer weniger junge Menschen wissen um die Geschichten der Bibel und ihre aktuelle Brisanz in unserem Leben. In früheren Generationen war eine Grundkenntnis der biblischen Wahrheit durch Religions-, Konfirmanden- und Christenlehreunterricht vorhanden. In der Jugendarbeit konnten wir die Botschaft zuspitzen und missionarisch anwenden. Dieses fundamentale Wissen hat radikal abgenommen oder war nie vorhanden.

Deshalb haben die Erzähler alle Chancen. Gottes Wort, so wie es uns die Bibel überliefert, war in seinem Ursprung weithin erzählte Gottesgeschichte. Auch hier nähern wir uns den Ursprüngen und fangen an zu erzählen. Wir versuchen, die Bilder zu verstehen und in die heutige Zeit umzusetzen. Wir können im Erzählen Gleichzeitigkeit herstellen zu der biblischen Wahrheit und heutigen Erfahrungen junger Menschen. Plötzlich ist der verlorene Sohn unsere Erfahrung. Der Taubstumme ist nur ein Bild für Verschlossenheit und das „Am-Leben-Vorbeileben". David, in seinen Konflikten, kommt uns nahe. Wir sind plötzlich Jona, wenn wir die Gegenrichtung zu Gottes Auftrag eingeschlagen haben.

Daß dies alles einhergehen kann mit Bildern, spielerischen Zugängen, kreativen Einstiegen und dramatischen Erfahrungen, ist nur eine weitere reiche Möglichkeit des Erzählens der biblischen Wahrheit.
Das Zuhören junger Menschen ist nicht unmöglich geworden, auch wenn das „Recht, gehört zu werden“, durch Vertrauen erst erworben werden muß. Und im Erzählen „macht Bibel Spaß“ – jedenfalls sind Humor und Lachen, Erlebnis und Spannung inklusive. Und das ist doch Spaß – oder...?

Missionare wachsen nicht auf den Bäumen – von den Mitarbeiter/innen und ihren Zielen

Die Anforderungen an ehrenamtliche und hauptamtliche Mitarbeiter/innen in der missionarischen Jugendarbeit sind ständig gewachsen. Es geht heute nicht nur darum, ein gutes Gruppenprogramm zu bieten, das jungen Leuten „Spaß macht“. Es geht um die Herausforderung, Missionar/in zu sein im vollgültigen Sinn des Wortes. Je mehr die geforderte offene Gastlichkeit in der Jugendarbeit zum Ziel wird, desto mehr Anforderungen werden an Beziehungsfähigkeit, Kontaktfreudigkeit, Frustrationstoleranz und erzieherisch-pädagogische Fähigkeiten gestellt. Kann das noch jemand leisten?
Dazu kommen Fähigkeiten im organisatorischen, seelsorgerlichen und verkündigenden Bereich der missionarischen Jugendarbeit. Moderation und Kommunikation, Professionalität in den Veranstaltungen und Einfachheit der Beziehungen – wer kann das alles?
Erste Antwort: Niemand kann alle diese Fähigkeiten haben. Der Teamgedanke ist heute Basis aller missionarischen Jugendarbeit. Die Entdeckung der Gaben einzelner gehört ebenso zum Leitungsamt wie die Schulung und Ausbildung derer, die im Team arbeiten sollen. Es gibt dazu ein ganzes Netz von Zurüstungsangeboten auf allen Arbeitsebenen des CVJM und

anderer missionarischer Jugendwerke. Dieses Netz von Möglichkeiten wartet auf die Nutzung durch die Mitarbeiter/innen.
Vor nahezu zehn Jahren entstand der Plan, in Berlin das „CVJM-Missio-Center" als Ausbildungsstätte für ehrenamtliche Mitarbeiter/innen zu gründen. Inzwischen haben mehr als 60 Ehrenamtliche diese Ausbildung genützt und in der „Werkstatt für Evangelisation" das Ausbauen ihrer Fähigkeiten erfahren.
Missionare wachsen nicht auf den Bäumen – sie brauchen Impulse von außen, Übungsfelder des Glaubens und missionarische Ideen, die sie beflügeln.
Das heute wie in der ersten Zeit der Christen notwendige alternative Leben braucht die Grundlage der eigenen Glaubensgewißheit und die Werkzeuge, um heute jungen Menschen eine für sie unbekannte Welt des Glaubens zu zeigen.
Ohne ehrenamtliche und hauptamtliche Mitarbeiter/innen sind wir „verloren" mit allen kühnen Plänen und Herausforderungen, die uns unsere Zeit und der Auftrag für junge Menschen stellt. Deshalb sind diese Mitarbeiter/innen unser großes „Kapital", dem unsere Sorgfalt gilt, besonders wenn wir zur Kenntnis nehmen, daß zu diesem umfassenden Auftrag viel Hingabe an Zeit, Geld und Kraft gehört. Und zu diesem Auftrag gehört ebenso die ganzheitliche Sorge um junge Menschen – auch gerade da, wo sie in die Krise geraten durch fehlende Jobs und mangelnde Liebe der Eltern. Junge Menschen brauchen unsere Zuwendung mehr denn je. Sie suchen sie – mehr als Spaß und Fun.
Wenn wir einen Blick auf die junge Generation werfen, dann tun wir das mit der Leidenschaft, die aus dem Evangelium kommt. Es ist die Leidenschaft, mit der Gott uns selbst gesucht und erreicht hat. Diese Leidenschaft durchbricht auch vordergründige Zeitgeist-Prägungen und versäumt nicht, das umfassendste Menschenrecht zur Sprache zu bringen: Jeder Mensch hat das Recht auf das Evangelium. Und jeder junge Mensch hat das Recht auf die Freude aus dem Evangelium.

***Hermann Traub**, Jahrgang 1944, verheiratet mit Silke, lebt in Berlin, Lehre als Schriftsetzer, grafische Fachschule, 1964 Eintritt ins Missionsseminar Bad Liebenzell, von 1970 - 1977 Bezirksjugendreferent in Württemberg, 1977 - 1981 Landesjugendwart im CVJM Bayern, 1981 - 1993 Generalsekretär des CVJM in Baden, Ordination zum Pfarrer nach theologischem Sonderexamen. Er leitet seit 1993 das CVJM-Missio-Center und das CVJM-Ostwerk Berlin-Brandenburg.*

Zum Weiterdenken

* „Wer in diesem konsumorientierten Denken und gesellschaftlichen Umfeld aufwächst, wird sich sehr schnell auf eine einzige Frage konzentrieren: Woher bekomme ich das Geld für das teure und erstrebenswerte Leben?"
  Wissen wir, wieviel Geld ein junger Mensch heute so braucht? Woher er das Geld hat? Wieviel Zeit er aufbringen muß, um sich das nötige Geld zu verdienen?

* „Nichts mehr verpassen, das ist die ultimative Lebensdevise des Zeitgeistes, der uns prägt."
  Wieviel sind wir bereit zu „verpassen", indem wir uns Zeit für junge Menschen nehmen?

* „Ewigkeit scheint unzumutbar zu sein. Sie scheint überhaupt nicht jugendlich. Und doch ist sie alles, was bleibt, wenn alles erlebt worden ist, wenn jede Option verwirk-

licht ist, wenn das Lebenshaus steht oder schon wieder der Abriß droht."
Wie reagieren Jugendliche, wenn von Ewigkeit die Rede ist? Spricht es sie an? Winken sie ab? Regt es sie auf? Irritiert es sie?

* „Die Sehnsucht nach ‚Zuhause-Sein' prägt viele junge Leute. Darauf muß die missionarische Jugendarbeit mit neuer Gastlichkeit reagieren."
Wie gastlich ist unsere Arbeit? Unsere Mitarbeiter? Unsere Räume? Unser Angebot? Unsere Zeiten? Unsere Atmosphäre?

* „Wir brauchen in der Kultur unserer Welt Kontaktfelder, die bei den Besuchern keine geistlichen Voraussetzungen erfordern. Nur wenn die Atmosphäre gut ist, kommt man zu uns, fragt man uns an, lernt man uns kennen und hat die Möglichkeit, weiteren Kontakt aufzubauen."
Wie schaffen wir Atmosphäre? Welche unterschiedlichen Kontaktfelder haben wir zu jungen Menschen? Wie pflegen wir diese Kontakte? Bauen wir neue auf? Ist unsere Arbeit flexibel auf die Bedürfnisse junger Menschen ausgerichtet?

* „Jeder Mensch hat das Recht auf das Evangelium. Und der junge Mensch hat das Recht auf die Freude aus dem Evangelium."
Was macht mir Freude? Was macht mir Spaß? Wieviel Spaß darf sein? Was macht jungen Menschen Freude, zu uns zu kommen und bei uns mitzumachen? Was bedeutet „Freude aus dem Evangelium"? Was verbindet, was unterscheidet sie von der allgemeinen Freude?

2 On the road – aber doch: back home

Mobil sein und sich doch zu Hause fühlen

Die Jugend der 90er?

Medien und Marketingexperten lieben die Extreme und die Extremen. Immer auf der Suche nach einer neuen Story, immer auf der Suche nach einem neuen Trend, der Aufmerksamkeit erregt und die immer neu zu füllenden Kassen befriedigt. Jede Besonderheit, jede Abnormalität wird gierig aufgenommen und vermarktet. Immer mit der Hoffnung, einen neuen Trend zu entdecken, der – marktgerecht kommerzialisiert – die breiten Massen erreicht. So geschieht es, daß wir viel von 48stündigen Ecstasypartys und mit Nonnenkostümen und Gasmasken ausgerüsteten Ravern und Raverinnen lesen. Wir hören von Drafting und Mapping und sind beeindruckt, ohne genau zu wissen, was es eigentlich bedeutet. Voller Sensationslust und Neid lesen der Bankangestellte und die Verkäuferin von nebenan die Artikel über die Jugendlichen der 90er Jahre und fragen sich, warum sie sich nicht dazugehörig fühlen.

Keinen interessiert der Durchschnitt, der „Normalo", der brav seiner täglichen Arbeit nachgeht, Mainstream-Dancefloor a là D. J. Bobo oder Nana hört, seine Klamotten bei H & M einkauft und zu Hause bei Mama und Papa ein friedliches Leben führt. Aber genau diese oder ähnliche „Normalos" bilden den größten Stamm der Jugendlichen in Deutschland. Jugendliche, die ein ganz „normales" Leben führen, ohne irgendwelche Besonderheiten. Um diese Gruppe von Jugendlichen soll es im folgenden gehen, um ihre Situation, um einen Teil ihrer Freuden und Probleme.

Das Leben wird immer komplexer

Jugendliche wachsen in einer Umgebung der Optionen auf. Sie haben mehr Wahlmöglichkeiten als irgendeine Generation vor ihnen. Niemals zuvor in der Geschichte gab es so viele verschiedene Trends, eine so große Vielfalt an Angeboten, aus denen die Jugend auswählen kann, sogar muß. Nie gab es so viele Subkulturen und einen so unbeständigen „Mainstream" wie in den 90er Jahren. Weder in den 70er noch in den 80er Jahren gab es eine solche Flut von verschiedenen Strömungen, und nie zuvor waren diese Strömungen so schnellebig und unbeständig wie heute. Niemals waren die Jugendlichen so hin- und hergerissen in ihren Entscheidungen wie in den 90er Jahren. Es wird ihnen nichts mehr vorgegeben, es ergeben sich selten Dinge zwangsläufig wie beispielsweise die Schule. Fast überall haben die Jugendlichen die Freiheit, aus vielen verschiedenen Möglichkeiten auszuwählen. Die Medien werben mit schillernden Bildern und ansprechenden Texten für die besten Lebenserleichterungen und unterstützen jeden Trend, der nur annähernd verspricht, Profit abzuwerfen. Gab es früher drei Fernsehprogramme, gibt es heute bis zu 48! Gab es früher zwei oder drei Jugendmagazine, so gibt es heute für jede Subkultur gleich mehrere, wie z.B. Fan tastic, Hit!, Hit! Spezial, Hot!, Frontpage, Popcorn, Poprocky, Poster: das Postermagazin, Visions: Musik für die 90er, Pop Heroes, Pop Heroes Spezial, Chart Boyz, Chart Girls, Chart Giants, Pop: Rivalen, Xtreme, Verbotene Liebe Magazin, Marienhof Magazin etc. Was soll ich anziehen? Eine banale Frage, die beim heutigen „Markenkult" für viele Jugendliche zur Identitätsfrage wird. Was ist gerade im Trend? Welches Computerspiel ist im Moment „in"? Welche CDs sind in den Charts? Welche Berufe haben Zukunft? Wie kann ich in all diesen verschiedenen Trends, Strömungen und Angeboten meine eigene Identität finden?

Diese und viele andere Fragen kommen zur normalen Entwick-

lung der Jugendlichen hinzu[1] und machen das Leben für Jugendliche immer komplexer und zwar in allen Lebensbereichen. Komplexität wird zu einem Lebensgefühl. Man spricht in diesem Zusammenhang auch von der „Kultur der Wahl“. Es gibt eine Unmenge neuer Trends und Erscheinungsformen, die entdeckt und ausprobiert werden müssen. Jeder Jugendliche hat heute mehr Optionen, die er wahrnehmen kann, als irgendwelche junge Menschen vor ihm. Es wird immer schwerer, die eigene Identität zu finden und Verantwortung zu übernehmen. Dieser Konflikt, den die Jugendlichen erleben, ist für viele Erwachsene nicht nachvollziehbar. Für die meisten Erwachsenen ist die komplexe Lebenswelt der Jugendlichen nicht faßbar. Sie können die damit verbundenen Konflikte in keiner Weise verstehen und sehen nur das Positive, nämlich die Wahlmöglichkeit, die sie nie hatten. Die Eltern, in ihrer eigenen Jugend geprägt von der Wirtschaftswunderzeit, leistungs- und erfolgsorientiert, möchten ihren Kindern helfen. Doch diese wollen keine Hilfe. Im Gegenteil: Die Jugend macht die vorherige Generation für den ökologischen und ökonomischen Zustand unseres Landes verantwortlich. Und viele Jugendliche sind nicht bereit, sich zu engagieren, wenn es darum geht, den „Karren wieder aus dem Dreck zu ziehen“. Jugendliche sind hervorragende Beobachter, sie sehen die zerstörten Ehen ihrer Eltern, die Staatsverschuldung, die Umweltverschmutzung, die Unehrlichkeit vieler öffentlicher Personen und vieles mehr. Viele Jugendliche fühlen sich von der Generation ihrer Eltern mißverstanden und nicht wenige Eltern geben ihren Kindern gute Ratschläge und verstehen nicht, warum ihre Kinder sich gegen diese vehement zur Wehr setzen. Dieser Generationskonflikt des gegenseitigen „Nichtverstehens“ geht durch fast alle gesellschaftlichen Institutionen, angefangen bei der Familie über Schule, Arbeitsplatz bis hin zu Kirchen und Vereinen.
Jugendliche sehen sich selbst in einer Maschinerie, aus der es zum Teil kein Entrinnen mehr gibt. Nicht nur, daß die Wahl-

möglichkeiten fast unbegrenzt sind, viele Wahlmöglichkeiten sind auf den zweiten Blick gar nicht so offen, wie dies von der Öffentlichkeit proklamiert wird. Dies zeigt das Beispiel Arbeitsplatz. Den Jugendlichen wird suggeriert, daß ihnen alle Arbeitsplätze offen stünden, dies ist aber keineswegs so. Die Einstellung erfolgt immer noch nach sozialer Herkunft, Leistungsnachweis und Bildungsstand. Dazu kommen die Zukunftsperspektiven, die manche Arbeitsplätze haben oder auch nicht. Diese Kriterien engen die Wahlmöglichkeiten bis zu einem Minimum ein. „Aber" und „Problem" sind Schlüsselwörter der Alltagskultur vieler Jugendlicher geworden.[2] Die Jugend wächst in einer sehr großen Spannung auf. Auf der einen Seite wird ihr gesagt, daß es noch nie so viele Möglichkeiten gab, sich zu entwickeln, noch nie hatten Jugendliche so viel Geld zur Verfügung, noch nie waren sie so gut informiert wie in den 90er Jahren. Doch die Sache hat ein „Aber", einen Haken, einen „Zeigefinger", der sagt: „Entwickle deine Begabungen, aber denk an den Arbeitsplatz. Konsumiere, aber denk an die Umwelt. Lebe deine Sexualität, aber denke an Aids. Tu was du willst, aber denk dran!"
Viele Jugendliche versuchen, aus diesem Kreislauf auszubrechen. Sie wollen und müssen lernen, mit ihrer Freiheit und ihrer Verantwortung (die übrigens keiner gerne wahrnimmt) umzugehen. „Das so wichtige Element der individuellen Freiheit bekommt angesichts der Zunahme an Wahlmöglichkeiten einen völlig neuen Sinn: Freiheitsspielräume werden zu absoluten Freiheiten und diese werden in geradezu dialektischer Umkehr nicht mehr als Freiheit im traditionellen Sinn empfunden." [3] Dies ist ein wichtiger Punkt, denn wenn die Jugendlichen ihre eigentliche Freiheit, die sie haben, nicht mehr als diese nutzen und verstehen, fehlt ihnen die Freiheit, die sie eigentlich brauchen, und sie fühlen sich beengt und eingeschränkt. Dies wird aber kaum ein Erwachsener nachempfinden können, vor allem, wenn es um scheinbar banale Fragen des Alltags geht.

Auf der Suche nach Unabhängigkeit und Bindung

Viele Jugendliche wollen nicht mehr aktiv am gesellschaftlichen Leben teilnehmen, sondern bilden durch ihre große Unabhängigkeit ihre eigene Szene, in der sie sich frei bewegen können. Auf der einen Seite streben Jugendliche nach Unabhängigkeit und Freiheit, auf der anderen Seite suchen sie im komplexen Alltag der Optionen Halt und Orientierung. Letzteres zeigt sich vor allem in den wiedergewonnenen Werten wie Liebe, Treue, Familie oder Freundschaft. In diesen beziehungsorientierten Werten suchen Jugendliche ganz individuell ihren persönlichen Halt. Es gibt kaum noch gesellschaftliche Vorbilder für die Jugendlichen, sie haben den Glauben an institutionelle Organisationen fast ganz verloren. Alle Hoffnungen ruhen auf dem Individuum und dem allerengsten Freundeskreis. Dies belegen auch neueste Jugendstudien wie z.B. von Gerhard Schmidtchen[4]:

Was sind die Lebensziele von Jugendlichen

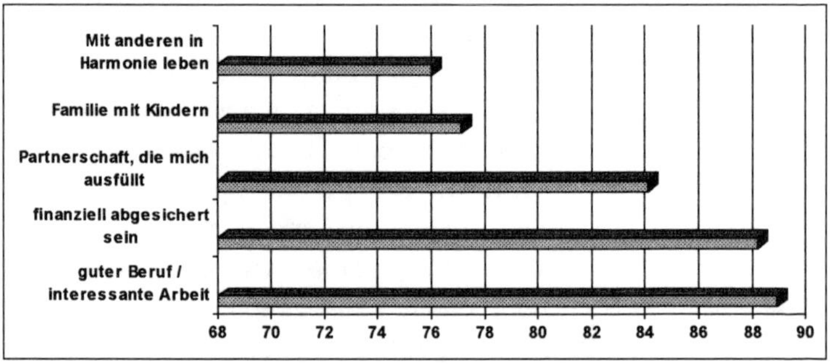

Andererseits wollen Jugendliche ihre Freiheit und Unabhängigkeit nicht verlieren. Wenn nach den Eigenschaften und Verhaltensweisen von Menschen gefragt wird, stehen die eigenen Interessen klar im Vordergrund. In erster Linie geht es um mich und meine eigene Lebenswelt. Noch deutlicher wird das Streben nach Unabhängigkeit, wenn nach den Motiven für ein eigenes Engagement gefragt wird. Dies zeigt eine Umfrage der Deutschen Shell-Studie[5]:

Was sind die wichtigsten Eigenschaften/Verhaltensweisen von Menschen?

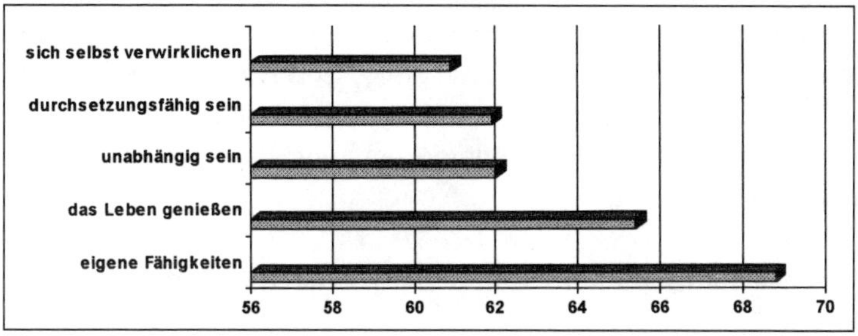

Motive zum Engagement deutscher Jugendlicher[6]:
erstens muß es Spaß machen,
zweitens muß ich jederzeit wieder aufhören können,
drittens muß ich mitbestimmen können, was ich genau tue,
viertens will ich meine besonderen Fähigkeiten einbringen können.

Diese scheinbare Ambivalenz ist typisch für einen großen Teil der Jugendlichen in Deutschland. Man möchte ein Recht auf Selbstbestimmung und verabscheut moralische Fremdbestimmung, man sucht seine eigene Freiheit und sucht gleichzeitig einen engen verbindlichen Freundeskreis, dem man vertrauen kann. Auf der einen Seite möchten sich Jugendliche ungern über einen festen Zeitraum binden, weil es sie zu sehr festlegen würde, sie wären zu sehr von anderen abhängig, auf der anderen Seite suchen Jugendliche feste Bindungen, die ihnen Orientierung und Sicherheit geben. Das vermissen sie in einer Lebenswelt, in der man sich auf fast nichts mehr verlassen kann, nicht auf einen Arbeitsplatz, nicht auf die Beziehung zu seinen Eltern, nicht die Freizeitgestaltung, nicht auf die Politiker, ja nicht einmal auf Nahrungsmittel, von denen unser Leben abhängt. In solch einer Lebenswelt verlassen sich viele Jugendliche nur noch auf sich selbst. Sie selbst bestimmen, wem sie vertrauen können und wollen, sie selbst bestimmen über ihr Engagement und über ihre Freizeitgestaltung, sie wollen sich ihre eigene Unabhängigkeit behalten und sich trotzdem an die binden, die es ihnen wert sind. Geprägt werden die Jugendlichen in ihrem Verhalten und bei ihren Entscheidungen durch die gesellschaftlichen Werte und Ordnungen. Es ist auffallend, daß der Wunsch nach Bindung, Freundschaft etc. an Bedeutung gewinnt, während die gesellschaftliche Kälte zunimmt.

Gesellschaftliche Kälte und die Suche nach Geborgenheit

Die wirtschaftliche Lage in Deutschland ist seit geraumer Zeit sehr angespannt. Arbeitsplätze werden wegen der höheren technischen Effizienz durch computergesteuerte Maschinen ersetzt, die weder Pausen noch Urlaub brauchen, die in keiner lästigen Gewerkschaft sind und immer präzise arbeiten. Die Firmen in Deutschland, die 1997 die höchsten Gewinne erzielten, sind zugleich die Firmen, die die meisten Arbeitsplätze abgebaut haben. Der „Kampf“ um Arbeitsplätze ist voll entbrannt. Leistung, Leistung, Leistung – nichts anderes zählt. Niemand kann sich eine Blöße oder Schwäche erlauben – fast fünf Millionen Arbeitslose warten auf einen frei werdenden Job.
Aber nicht nur auf dem Arbeitsmarkt setzen sich Computer und Hightech durch, sondern auch im ganz gewöhnlichen Alltag gewinnen Computer & Co. die Oberhand. Versuchen die älteren Generationen, den technischen „Eilzug“ der Entwicklung einzuholen, so sitzen die Jüngeren mittendrin. Aufgewachsen mit Computerspielen, Video, Kreditkarten, Homebanking, Gameboy, Satellitenschüssel oder Kabelfernsehen, Internet

und Cyperspace, lernen sie mühelos und spielerisch den Umgang mit dem technischen Fortschritt. Keine Frage, diese Entwicklung bringt enorme Erleichterungen und Verbesserungen für die Arbeits- und Freizeitgestaltung. Doch in unserer hochtechnisierten Welt bleibt eines auf der Strecke: der Mensch mit all seinen Gefühlen. Es gibt kaum noch die Möglichkeit, Mitleid zu zeigen in unserer Ellenbogengesellschaft. Gefühle sind ein Zeichen von Schwäche und oftmals unerwünscht. Wer nicht mitzieht, verliert. Die technische Revolution frißt ihre Kinder.
Es gibt verschiedene Möglichkeiten, deren Jugendliche sich bedienen, um sich den Wunsch nach Bindung und Wärme zu erfüllen. Zwei große Trends setzten sich in den letzten Jahren durch, zum einen die Einnistung im „Hotel Mama" und zum anderen ein neuer Hang zum Transzendenten (Übersinnlichen). Beide resultieren aus den oben genannten Gründen.

1. Der neue Hang zum Transzendenten

Jugendliche sind Lebenskünstler, die sich ihrer von der Gesellschaft vorgegebenen Situation anpassen und gleichzeitig versuchen, das für sie entstandene Defizit auszugleichen. So ist es nicht verwunderlich, daß gerade unter den Jugendlichen in den letzten zwei, drei Jahren Werte wie Liebe, Freundschaft, Treue stark ansteigen, daß das Verlangen nach Verbindlichkeit, Geborgenheit, Zärtlichkeit und Erlebnis eine überdimensionale Größe einnimmt. Viele Jugendlichen sehnen sich nach einem emotionalen Ausgleich zu dem, was sie in ihrer Schul- und Arbeitswelt erleben. Durch den Pluralismus (die Gleichstellung aller religiösen, politischen und gesellschaftlichen Meinungen) und die neue religiöse Vielfalt macht sich ein neuer Hang zum Transzendenten bemerkbar. Während in Deutschland die traditionellen Kirchen mit steigenden Zahlen von Kirchenaustritten zu kämpfen haben, sucht die Masse der Bevölkerung neue Ebenen, um ihren Glauben auszuleben.

Erstaunlich hoch ist die Zahl der an Gott gläubigen Jugendlichen laut einer Umfrage des Emnid Instituts. Danach glauben 54% der Jugendlichen an Gott. Eine solche Angabe sagt aber kaum etwas über die inhaltliche Qualität des Glaubens aus, sondern zeigt lediglich, daß viele der heutigen Jugendlichen nicht ohne transzendenten Bezug leben können. Man darf nicht vergessen, daß sich auch in Deutschland der religiöse Pluralismus ausgebreitet hat. Man glaubt an einen Gott, an irgendeinen, sei es Allah, Buddha oder einen übergeordneten Gott, der über das Universum herrscht. Gott hat nicht unbedingt etwas mit dem Gott der Bibel und des Christentums zu tun. Es ist heute leicht, an einen Gott zu glauben, da jeglicher Gottesglaube von der Gesellschaft akzeptiert wird. Der Pluralismus erlaubt es, daß jeder an den Gott glaubt, den er haben will, jeder toleriert den Glauben des anderen. Der Soziologe H. Barz schreibt zur Gleichstellung der Gottesvorstellungen: „Daß Christen, Moslems, Juden und Buddhisten unter verschiedenen Namen eigentlich denselben Gott meinen, charakterisiert den heute noch denkbaren Gott, [...] die einen sagen Buddha, die anderen sagen Manitu, die dritten sagen Gott und die vierten sagen Trallala."[7] Der Pluralismus ist vielschichtig – alles ist möglich.
Am deutlichsten wird die plakative Verwestlichung des Buddhismus beim sogenannten „Business-Buddhismus"[8], Meditation für Manager und Angestellte, deren eigentliche Religion die Firma als verschworene Glaubensgemeinschaft darstellt.
Seit Anfang der 90er Jahre läßt sich eine Renaissance der Transzendenz und Spiritualität verzeichnen und zwar auf den unterschiedlichsten Ebenen und Richtungen: Tarot, Bergkristalle, westlicher Buddhismus, Sekten oder der gewaltig aufkommende Glaube an Sternzeichen und die gesamte Astrologie. Natürlich macht sich das Fernsehen diese Esoterikwelle zunutze, und schon gibt es „Akte X", eine Mystery Serie. Aus Amerika kommt die Esoterikshow „Psi Faktor", in „Terra X" werden

Vampire und Yetis gejagt, weiterhin gibt es „Millennium", „Nowhere Man", „Outer Limits – die unbekannte Dimension", „Dark Skies", und wem das noch immer nicht reicht, der kann sich eine Diskussion über Ufos, Wunderheiler, Kornkreise, Tarot oder Pyramiden in der Nachmittagsshow „Talk X" anschauen.

Besonders beliebt sind Kombinationen aus verschiedenen religiösen und magischen Glaubensformen, die zu einer sogenannten „City-Religion" zusammengebastelt werden. Immer mehr Städter stehen auf Magie und Esoterik. Warum? Weil sie sich holen, was in Hektik, Streß und Sachlichkeit fehlt: Sie wollen sich und andere spüren. Es geht nicht mehr darum, daß bestimmte Erfahrungen nachweisbar sind, sondern nur noch, wie man sich dabei fühlt. Ein neuer Hang zur Emotionalität macht sich innerhalb dieser Pseudo-Religionen breit. Man will sich selbst erleben. Man möchte mit dem anderen nicht nur kommunizieren, sondern ihn erleben, ihn berühren und riechen. Um so aufgeklärter, sachlicher und wissender unsere Gesellschaft wird, desto mehr sehnt sie sich nach einem transzendenten Ausgleich, um die eigene emotionale Sehnsucht und innerliche Leere zu füllen.

2. „Hotel Mama"

Ein anderes Phänomen ist das „Hotel Mama"[9] oder auch „Drive in – Familie" genannt. Obwohl man erwachsen ist und ein eigenständiges Leben führt, bleibt man im Elternhaus wohnen. Man nistet sich ein und wohnt im „Hotel Mama". Dies hat für die einzelnen „Nesthocker" verschiedene Gründe, einigen soll jetzt nachgegangen werden.

„Die Strebsamen" haben ein klares Lebensziel: Studium, Ausbildung, Beruf. Für Hobby und Freizeit bleiben wenig Zeit. Eine eigene Wohnung ist aus ihrer Sicht zu teuer und zu aufwendig, ja sogar hinderlich für das eigene Aufwärtsstreben. Die Devise heißt, mit minimalen Aufwand den maximalen

Erfolg erreichen. Daß dabei die Eltern, insbesondere die Mutter, die kochen,waschen und putzen muß, ausgenutzt werden, stellt kein Problem dar. Die Eltern ihrerseits sind stolz auf den strebsamen Erfolgsweg ihres Kindes und nehmen alle Unannehmlichkeiten gerne in Kauf, wenn nur der Erfolg stimmt.

„Die Gefangenen": Anders sieht es bei Jugendlichen aus, die sich nicht von ihrem Elternhaus lösen können. Oftmals sind sie so an ihre Mutter (der Vater spielt meistens eine untergeordnete Rolle) gebunden, daß sie sich eine Ablösung kaum vorstellen können. Sie leben ihre verwöhnte Kindheit weiter, die Mutter umsorgt sie, und der Vater steckt das nötige Kleingeld zu. Falls der Vater dies nicht tut, steckt die Mutter ihrem Kind heimlich Geld zu und findet das durchaus in Ordnung. Sie wird dafür gelobt und empfängt Selbstbestätigung. Das daraus entstehende Problem ist die Abhängigkeit und Unselbständigkeit der jungen Leute. Sie werden unfähig, eine eigene Existenz aufzubauen, selbst dann nicht, wenn man heiratet und eine eigene Familie gründet. Oftmals zieht man dann zu den Eltern ins Haus, und es läuft alles so weiter wie bisher. Beide Seiten sehen darin keinen optimalen Zustand, aber man erkennt auch keinen Ausweg. Und eines ist besonders wichtig: Das Elternhaus bietet Schutz, Geborgenheit und Festigkeit in einer Zeit, in der alles unsicher geworden ist.

„Die Heimkehrer" sind Typ 3. Sie sind von zu Hause ausgezogen, weil sie es nicht mehr länger ausgehalten haben, von den Eltern bevormundet zu werden. Sie wollten den Eltern zeigen, daß sie es auch ohne ihre Hilfe schaffen und ziehen aus. Doch das Leben ist teuer, und wenn man seinen aufwendigen Lebensstil nicht drastisch einschränken will, muß man reumütig ins „Hotel Mama" zurückkehren. Die Eltern fühlen sich geehrt, und die jungen Leute sind „aus dem Schneider". Natürlich gibt es eine ganze Menge von Gründen, die Jugendliche dazu veranlassen, ins heimische Nest zurückzukehren, zum Beispiel eine zerbrochene Freundschaft, die verlorene

Arbeit, eine gekündigte Wohnung, eine ungeplante Schwangerschaft etc. Eines ist jedoch bei allen gleich: die plötzliche Erkenntnis, daß die Vorteile eines Lebens bei den Eltern wichtiger sind als das Glück selbständigen Lebens.

„Die Sorgenkinder" sind eine weitere Gruppe. Sie waren immer brav und folgsam, bis sie in der Pubertät „aufgewacht" sind und plötzlich gegen den gutbürgerlichen Lebensstil ihrer Eltern ausdrucksstark rebellierten. Ihre Wortwahl, ihr Kleidungsstil und der chaotische Zustand ihres Zimmers bringen ständig neue Konfliktfelder. Die Eltern sind besorgt und erbost zugleich, und es entsteht eine Art Haßliebe zwischen Eltern und Kind. Aus der Angst, das Kind zu verlieren, entwickeln die Eltern eine neue Art von Toleranz, um ihr Kind wenigstens vor dem „Allerschlimmsten" zu retten. Das Kind seinerseits lehnt sich gegen das Spießertum seiner Eltern auf, denkt aber überhaupt nicht daran, die bequeme elterliche Wohnung zu verlassen, um sich auch noch mit den Schwierigkeiten des Lebens herumzuschlagen. Dann lieber mit den Eltern.

„Die Lebensunfähigen": Da ist der zurückgezogene, verschlossene Sohn, der von der Mutter umsorgt und beschützt wird, oder die kontaktarme Tochter, die keinen Freund hat (und keine Freundin) und auf das Elternhaus angewiesen ist. Hier ist über Jahre eine Abhängigkeit entstanden, aus der weder Eltern noch Kinder herauskommen, da sie die einzigen Bezugspersonen sind. Besonders psychisch kranke oder alkoholabhängige Kinder werden von ihren Eltern gedeckt und behütet, solange es irgend geht.

Ein Ende des Trends zum „Hotel Mama" ist nicht abzusehen. War es vor ein paar Jahren noch ein Aufruhr im „deutschen Blätterwald", so scheint es heute normal und akzeptabel, daß immer mehr junge Leute in unserer individualisierten und versingleten Gesellschaft zu Hause bleiben und von den Eltern Geborgenheit, Schutz und ein Zuhause bekommen, genau das, was sie im gesellschaftlichen Leben vermissen.

Außerdem läßt sich der aufwendige Lebensstil vieler Jugendlicher durch die billige Wohnmöglichkeit besser verwirklichen. Da nimmt man dann selbst einen weiteren Weg zur Arbeit oder zur Uni auf sich. Das Auto wird dann noch von den Eltern gesponsert oder wenigstens zum größten Teil finanziert.

Mobilität und Globalisierung

Mit der Mobilität und Globalisierung wird ein wesentlicher Punkt erfaßt. Gab es früher eine regelrechte „Landflucht" der Jugendlichen in das aufregende Stadtleben, so läßt sich dieser Trend heute nicht mehr feststellen. Durch die strukturellen Veränderungen in Deutschland innerhalb der letzten 25 Jahre ist heute von fast jedem Dorf eine größere Stadt in 45 Minuten erreichbar. Durch die Motorisierung vieler Jugendlicher ist somit eine schnelle Verbindung zum attraktiveren Stadtleben gegeben. Die damit gewonnene Freiheit ist für Jugendliche sehr wichtig. Damit haben sie auch am Wochenende eine Vielzahl von Optionen zur Auswahl. Angefangen von verschiedenen Konzerten, Discos, Partys, Kinos, bis zu Kneipen und Restaurants. Die Dorfjugendlichen sind nicht mehr wie früher abhängig vom „Dorfprogramm", sondern vom Auto. Besonders jüngere Teenager im Alter von 13 bis 17 Jahre leiden unter diesen Strukturen, da sie im negativen Sinne abhängig von älteren motorisierten Freunden oder Eltern sind. Im Dorf selbst gibt es immer weniger Angebote, da die meisten Jugendlichen am Wochenende sowieso Richtung Stadt ziehen. Dazu kommt, daß Einrichtungen wie Jugendhäuser und Jugendzentren in Dörfern und kleineren Städten immer weniger werden, da die Städte und Kommunen kein Geld mehr zur Verfügung haben.
Ein weiterer Grund für die Zunahme von „Wochendpendlern", die Teile ihres Wochenendes in der Stadt verbringen, ist die größere Informationsflut, der Jugendliche heute ausgesetzt

sind. Durch Satellitenfernsehen und Internet ist man auch im abgelegensten Dorf mit den Metropolen dieser Welt verbunden und somit bestens informiert, was gerade „in“ ist und wo man sich gerade „trifft“ und was man gerade „trägt“. Die Globalisierung macht die Welt zum Dorf und das Dorf zur Welt, wo man sich frei und ohne Zwänge bewegen kann.
Der Unterschied zwischen Stadt und Land liegt somit auf der Hand. Während es in der Stadt ein Überangebot an möglichen Optionen gibt und die Jugendlichen die Qual der Entscheidung haben, gibt es in ländlichen Gegenden das Problem, daß ohne Auto nichts los ist.
Zwei Statistiken von Schmidtchen untermauern die eben beschriebene Situation. Die erste Frage an deutsche Jugendliche beschäftigt sich mit der theoretischen Frage nach der Bereitschaft eines Wohnortwechsel[10]:
Könnten Sie sich einen Wohnortwechsel aus beruflichen Gründen oder im Laufe der Ausbildung oder des Studiums vorstellen?

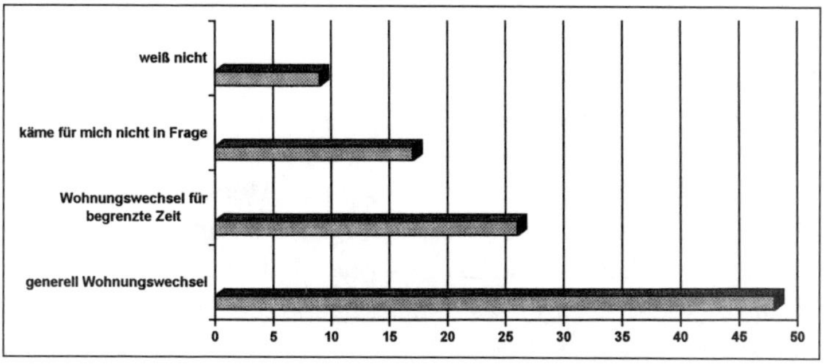

Hier sieht man eine deutliche Bereitschaft, den Wohnort zu wechseln, wenn dies aus beruflichen Gründen nötig wäre. Wenn man aber nach den konkreten Plänen eines Wohnortwechsels fragt, bekommt man eine klare Antwort:
Haben Sie Pläne, an einen anderen Ort zu gehen, um beruflich weiterzukommen?

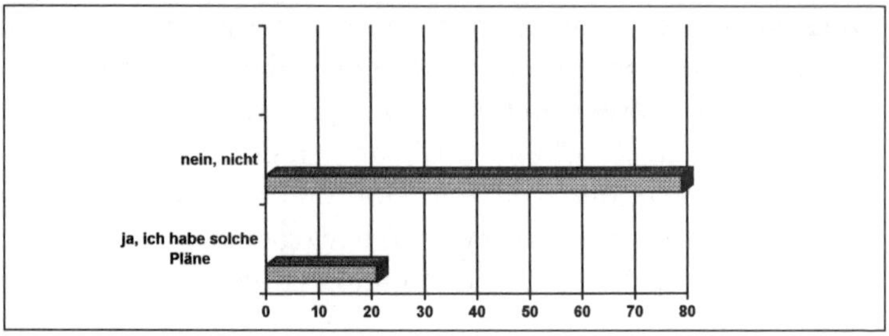

Hier ist eine deutliche Diskrepanz zwischen theoretischer Bereitschaft und praktischer Durchführung festzustellen. Grundsätzlich ist man nicht abgeneigt, seinen Wohnort zu wechseln; durch die angespannte Situation auf dem Arbeitsmarkt muß man zu Kompromissen bereit sein. Aber wenn die Situation nicht zwingend ist, bleibt man doch lieber in seiner bekannten Umgebung und nutzt die möglich gewordene Mobilität, seine Freiheit von zu Hause aus zu leben.
Ein weiterer wichtiger Faktor ist, daß Cliquen und Freundschaften einen hohen Stellenwert unter Jugendlichen haben. Viele Jugendliche sind zwar gegenüber neuen Beziehungen skeptisch, weil sie schlechte Erfahrungen gemacht haben, und dennoch spielen Beziehungen im Leben der Jugendlichen eine der wichtigsten Rollen überhaupt. Der junge Mensch heute ist vor allem beziehungsorientiert. 79 Prozent aller Jugendlichen (je jünger, desto höher) sind in einer oder mehreren Cliquen bzw. Freundeskreisen. 93 Prozent aller Jugendlichen geben an, daß ihre häufigste Freizeitbeschäftigung sei, „sich mit Freunden zu treffen".[11] Dabei handelt es sich um freiwillige „Interessengruppen" und nicht um verbindliche Organisationen, denen gegenüber man sich verpflichten müßte.

Zusammenfassung

Mobilität hat für junge Menschen in Deutschland einen hohen Stellenwert. Viele Jugendliche erleben eine gewisse Ambivalenz. Auf der einen Seite möchten sie frei und ungebunden sein, auf der anderen Seite suchen sie verstärkt nach Orientierung und Bindung. Die Kontrolle über ihr eigenes Leben und Handeln spielt für Jugendliche eine besondere Rolle. Man möchte sich nichts mehr sagen lassen und vor allem möchte man nirgends seine verbindlichen Zusagen geben. Diese „innere Mobilität" stellt einen wesentlichen Charakterzug der Jugendlichen in den 90er Jahren dar. Die Angst Jugendlicher, Verantwortung zu übernehmen, sowie der Rückzug aus öffentlichen Gruppen und Vereinen haben ihre Ursachen. Der junge Mensch möchte seine Freiheit auf keinen Fall verlieren, und doch möchte er ein Zuhause haben, in dem er sich wohl fühlt, in dem er die Geborgenheit und Wärme bekommt, die ihm die Gesellschaft verweigert. Viele Jugendliche suchen sich deshalb Ventile, um ihre angestaute Emotionalität auszuleben.
Ähnlich wie mit der „inneren" verhält es sich auch mit der „äußeren Mobilität". Dieselben Merkmale und Ursachen prägen das Handeln der Jugendlichen, wenn es um physische Mobilität geht. Man möchte seine Freiheit, möchte unabhängig sein und vor allem, man möchte die Wahl haben, was man am Samstagabend unternimmt. Nur wer wählen kann, ist wirklich frei. So wird das Auto als wichtigstes Fortbewegungsmittel zum Zentrum der Mobilität. Das Auto hat man selbst im Griff und kann es selbst steuern und bestimmen. Es tut, was ich ihm vorgebe. Ähnlich wie beim Computer als wichtigstem technischen Medium, der für Jugendliche in den 90er Jahren längst den Fernseher abgelöst hat.
Also trotz dieses Mobilitätsdranges suchen Jugendliche gerade in der Fülle von Wahlmöglichkeiten nach Orientierung. Dabei möchten sie nicht in ihrer Freiheit eingeschränkt oder gar

bevormundet werden, vielmehr geht es ihnen um Hilfe zur Selbsthilfe. Jugendliche suchen Personen, denen sie vertrauen können, weil sie zuverlässig und vertrauenswürdig sind: die eine eigene ausgeprägte Meinung haben und sich nicht durch jeden Trend umpolen lassen, die aber auch tolerant und hilfsbereit sind und vor allem nicht anderen ihre Meinung aufdrängen. Solche Personen gelten als Vorbilder, mit ihnen spricht man gerne und ist bereit, eine Freundschaft aufzubauen.

Konsequenzen und Möglichkeiten für die Jugendarbeit?

Es gibt sicherlich eine Menge an Möglichkeiten, wie man den eben beschriebenen Phänomenen begegnen kann, drei scheinen mir aber von besonderer Aktualität und Bedeutung zu sein und sollen hier kurz erläutert werden.

1. Bedürfnisorientierte Jugendarbeit

Ein wichtiger Punkt innerhalb der Jugendarbeit ist, daß die Mitarbeiter die Jugendlichen ernst nehmen. Sowohl ihre Ängste, Zweifel, Fragen als auch ihre Freuden und Erfolge. Hier geht es um eine Grundeinstellung und um die Frage, ob man innerhalb der Jugendarbeit die Bedürfnisse der Jugendlichen wahrnimmt. Dies heißt nicht, daß man den Jugendlichen alle Wünsche von den Augen abliest und versucht, sie ihnen zu erfüllen, sondern daß man auf die Grundbedürfnisse der Jugendlichen eingeht. Mitarbeiter sollten sich Gedanken über ihre bestehende Jugendgruppe machen und über ihre Zielgruppe. Was wollen wir erreichen? Wo liegen die Defizite der Jugendlichen? Wie können wir diese ausgleichen und die Jugendlichen ansprechen? Probleme müssen thematisiert und nicht tabuisiert werden. Konkret bedeutet dies beispielsweise, daß Jugendliche so in die Jugendabende integriert werden, daß sie Abende mitgestalten können und nicht nur die Rolle passiver Konsumenten einnehmen. Wenn Jugendliche Probleme mit ihrer nicht auslebbaren Emotionalität haben, sollten Jugendabende dem in einer positiven Art und Weise entsprechen. Vielleicht müssen mehr interaktive Elemente in den Jugendabend eingebaut werden, um verschiedene biblische Wahrheiten so zu vermitteln, daß es die Jugendlichen verstehen und sich angesprochen fühlen. Ein wichtiges Element dabei ist das subjektive Erleben für die Jugendlichen. Zum Beispiel sollte man nicht nur über Vergebung sprechen und rational erklären, sondern sich gegenseitig Vergebung zusprechen. Es bietet sich an, Zettel (auf die jeder persönliche Schuld aufschreiben kann) an ein Kreuz zu heften oder in einer Schale zu verbrennen. Solche oder ähnliche meditativen Übertragungen sind für viele Jugendlichen eine Hilfe und sprechen auch die emotionale Ebene an.

2. Raumorientierte Jugendarbeit

Viele Teenager in ländlichen Gegenden haben, wie beschrieben, kaum Möglichkeiten, ihren Lebensraum zu verlassen und sind auf die spärlichen Angebote in nächster Umgebung angewiesen. Dabei fällt eine Sache auf: Jugendliche haben fast keinen Raum, der nicht schon anderweitig besetzt ist, einen Raum, den sie selbst gestalten und in dem sie sich treffen können. Jugendlichen identifizieren sich mit einem Raum. Diese Identifizierung wird durch äußere Gestaltung sichtbar. Deshalb sollten wir Jugendlichen die Möglichkeit bieten, sich ihren Raum nach ihren eigenen Vorstellungen und ihrem Geschmack einzurichten; dem Raum auch einen eigenen Namen zu geben. Dabei sollte man die Kreativität so weit wie möglich fördern und den Jugendlichen so viel Freiraum wie möglich lassen, aber auch darauf achten, daß sie sich über die Gestaltung ihres Raumes Gedanken machen, daß sie sich darüber einig werden, wie er eingerichtet werden soll, wo die Materialien herkommen und wie man das Besprochene in die Praxis umsetzt.

Jugendräume bieten einen neuen Bezugsrahmen für Jugendliche. Die äußeren Bedingungen sind nicht automatisch alle vorgegeben, wie es die Jugendlichen von zu Hause oder der Schule her gewohnt sind. Es besteht ein Freiraum, über den selbst verfügt und der selbst gestaltet werden kann. Die Jugendlichen sind mit einbezogen, sie lernen zu planen, zu diskutieren, verschiedene Möglichkeiten abzuwägen und Entscheidungen zu treffen. Es entsteht ein natürliches Gruppengefüge, in dem verschiedene Gaben und Charaktere gefördert, aber auch in Frage gestellt werden.
Der Jugendraum bietet die Möglichkeit, daß Jugendliche einfach nur da sein können – eine Oase, eine Art Fluchtpunkt aus dem oftmals anstrengenden Alltag vorfinden. Hier können sie „abhängen" und sich über ihre Probleme austauschen und feststellen, daß andere vielleicht dieselben Probleme haben wie sie. Gerade diese Möglichkeit, daß der Raum eine Art Treffpunkt für Jugendliche ist, wo sie durchatmen können, ist in unserer schnellebigen und anspruchsvollen Gesellschaft überaus wichtig – ein Raum, in dem nicht laufend Ansprüche an sie gestellt werden.
Mit diesen Punkten möchte ich nur auf die vielfältigen Vorteile und die Wichtigkeit eines Jugendraums hinweisen. Gerade im christlichen Bereich sind große Möglichkeiten vorhanden, solche Jugendräume zu schaffen. Fast jede Gemeinde besitzt ein eigenes Gemeindehaus, in dem die Räumlichkeiten oftmals nicht richtig genutzt werden. Dazu kommt, daß viele Gemeindehäuser mehr Statussymbol als Lebensmöglichkeit der Gemeinden sind. Hier gilt es, neu zu überlegen, wie vorhandene Räume genutzt werden können. Gerade bei der Gestaltung von Räumlichkeiten werden den Jugendlichen schnell Grenzen gesetzt. Dabei ist besonders die Aneignung von Räumen ein Schlüssel zu einer erfolgreichen Jugendarbeit. Es geht nicht in erster Linie um besondere Aktionen, die in diesen Räumen stattfinden, sondern um den

Raum an sich und die Möglichkeit, daß Jugendliche sich mit diesem Raum identifizieren können. Der Jugendraum sollte den Jugendlichen den von ihnen oft vermißten Freiraum bieten, sich zu entfalten.

3. Beziehungsorientierte Jugendarbeit

In diesen Räumen können ungezwungen Beziehungen entstehen. Man lernt sich kennen, redet miteinander, entdeckt gemeinsame Interessen und Hobbys. Durch regelmäßige Begegnung wächst Vertrauen und es entstehen langsam Beziehungen, vielleicht sogar Freundschaften.

Solche oder ähnliche Situationen in ungezwungener und unverbindlicher Atmosphäre sind eine großartige Möglichkeit, Freundschaften mit Jugendlichen aufzubauen. Die perfekten Hochglanzjugendabende aus den 80er Jahren sind out, die moralischen Appelle vieler Jugendleiter stoßen auf taube Ohren. Die Zukunft der Jugendarbeit liegt in einem authentischen Lebensstil der Mitarbeiter, der offen und selbstverständlich nach außen gelebt wird. Der natürliche Kontakt zu Ungläubigen ist dabei von großer Bedeutung. Was für Hobbys habe ich? Was für Interessen? Wo gibt es Leute mit den gleichen Interessen? Vielleicht kann man was gemeinsam unternehmen. Viel zu viele Christen sind nur unter ihresgleichen und bilden eine eigene elitäre Szene, anstatt sich, je nach persönlichem Interesse, auf mehrere Szenen innerhalb der Stadt oder des Dorfes zu verteilen. Dort kann man seinen eigenen Interessen nachgehen, trifft Gleichgesinnte und knüpft unweigerlich Kontakte. Die Kontakte können ausgebaut werden, Beziehungen und Freundschaften können entstehen. Dies ist keine taktische „Heidenfalle", das Interesse sollte ehrlich und echt sein. Jugendliche merken sehr schnell, ob man ihnen etwas vorspielt oder ob man es ehrlich mit ihnen meint, und sie sehnen sich nach vertrauenswürdigen Personen, mit denen sie reden können.

***Tobias Faix**, Jahrgang 1969, verheiratet, nach der mittleren Reife Kaminfegerlehre, Jahreseinsatz mit Operation Mobilisation in Tschechien, Bibelschule Wiedenest, Freie Hochschule für Mission (Korntal), Columbia International University (USA), ist Jugendreferent in St. Georgen (Schwarzwald).*

Zum Weiterdenken

1. Es ist Samstag abend. Sie sind 18 Jahre alt. Welche Möglichkeiten haben Sie, den Abend zu verbringen?

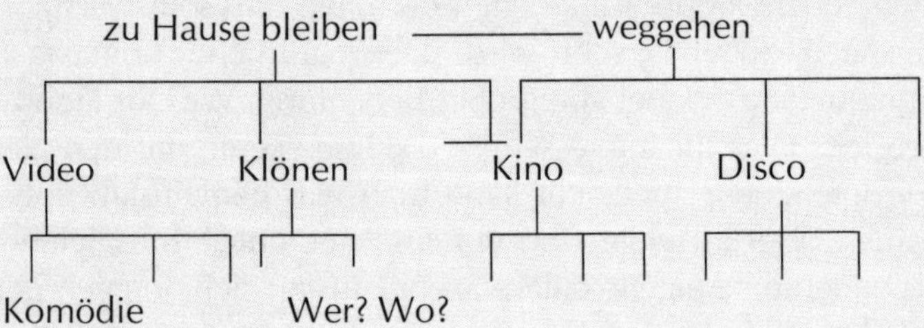

2. Auf der Suche
... nach Unabhängigkeit und Bindung
... nach Geborgenheit
... nach erfahrbarer Transzendenz
... nach dem „Hotel Mama"
... nach Mobilität
Was können junge Menschen bei uns finden?

3. Konsequenzen für die Jugendarbeit
– bedürfnisorientiert:
Welche Bedürfnisse junger Menschen sprechen wir an, decken wir ab?
– raumorientiert:
Welche Räume bieten wir jungen Menschen an? Können sie diese Räume mitgestalten oder haben sie sich innerlich wie äußerlich anzupassen?
– beziehungsorientiert:
Wieviel dürfen uns die Beziehungen zu jungen Menschen kosten? Was sind wir bereit einzusetzen? Wo ist unsere Grenze?

3 Voll im Trend – doch nicht wie die anderen

Individualisierung und die Macht der Trends

Hauptsächlich im Süden der USA näht man gerne Patchworkdecken. Diese kunstvollen Gebilde bestehen aus kleinen Stoffstücken, die in mühsamer Handarbeit zusammengefügt werden. Das ergibt oft erstaunliche Muster. Aber so schön diese Patchworkdecken auch sind, sie wurden eigentlich aus einer Not heraus geboren. Man brauchte Decken, hatte aber nichts zu verschwenden. Also zerschnitt man ausgediente Kleidungsstücke. Diese nähte man dann zu den „Patchwork Quilts", den Flickwerkdecken zusammen. Aus verbrauchten Kleidern waren neue Decken entstanden.

Diese Fähigkeit, aus vielen einzelnen Stückchen ein gesamtes Kunstwerk zu erschaffen, ist auch heute wieder sehr gefragt. Nur geht es nicht um Bastelei oder Handwerk, sondern um Lebensgestaltung. Aus unendlich vielen Möglichkeiten und Trends flickt man sich zusammen, was einem gefällt, Spaß macht oder sinnvoll erscheint. Das Gesamtkunstwerk, das am Ende dabei herauskommt, ist die eigene Person. Man spricht von „Patchwork-Identity", von „Flickwerkidentität". Die Kunst besteht darin, aus den vielen Angeboten auszuwählen und sie zu einem schönen Lebensmuster zu verarbeiten. Das Großartige ist natürlich, daß jeder sein eigener Herr ist und ganz und gar selbst wählen darf, was zu ihm paßt und was ihm paßt. Des Kaisers neue Kleider hat sich der Kaiser selbst entworfen – zusammengesucht, zusammengereimt, zusammengeflickt.

Schaut man sich die selbstgestrickte Decke an, die sich das Individuum unter Verwendung der neusten Trendstoffe fabriziert, macht man eine zuerst verwirrende Entdeckung. Individualisierung und Trends stehen nicht im Gegensatz zueinander, sondern lassen sich auf ein erstaunliches Zusammenspiel ein. Das Spiel mit den Trends ist eine der wichtigsten Formen, Individualisierung auszuleben. Trends in den extremen Formen, wie wir sie heute kennen, können nur in einer völlig individualisierten Gesellschaft entstehen.[12]

Individualismus: Lebensphilosophie des 20. Jahrhunderts

Individualisierung der Gesellschaft ist das Thema des Jahrhunderts. Es hat mehr Veränderungen mit sich gebracht als alle Kriege, Revolutionen und Reformen zusammengenommen. Denn es hat jeden einzelnen Menschen erfaßt. So hat es unsere Welt von den Wurzeln her umgekrempelt. Nur wenn man zu verstehen beginnt, wie eine Welt ohne diesen Individualismus aussah, kann man erfassen, welche Umbrüche diese Lebensphilosophie mit sich gebracht hat, und kann erahnen, welche Veränderungen uns noch bevorstehen. Veränderungen in unserem Leben und noch intensiver im Leben von Jugendlichen.

1. Ich bin ein Individuum! Aber was ist das eigentlich?

Wir sind alle total individuell! Das ist klar. Jeder Mensch ist eine eigene Persönlichkeit. Einmalig in seinem gesamten Wesen und der Kombination seiner Eigenschaften. Ein unzertrennbares Einzelwesen, unteilbar. Genau das bedeutet das lateinische Wort „Individuum“. In anderen Worten: Das Individuum ist eine Einheit, die nicht mehr geteilt werden kann, ohne seine Eigenart zu verlieren. Und weil kein Individuum so ist wie ein anderes, macht es jeden einzelnen wahnsinnig wertvoll.

Stellt man diese Tatsache in einer Gesellschaft an erste Stelle, hat das weitreichende Konsequenzen. Es hat zur Folge, daß man jedem Menschen das Recht einräumt, so zu leben wie er es für richtig hält. Man kann tun und glauben, was man will. Solange die Freiheiten eines anderen Individuums nicht überproportional eingeschränkt werden, hat man absolute Freiheiten. In den allermeisten Dingen des Lebens braucht man sich nichts vorschreiben zu lassen. Die Gemeinschaft dient dem Individuum. Sie hat die Voraussetzung dafür zu schaffen, daß sich der einzelne entfalten kann. Staat und Gesetz haben über die Einhaltung der Freiräume zu wachen. Diese Lebensphilosophie nennt man Individualismus.

Daß nicht die Gemeinschaft, aber eben der einzelne mit seinen Interessen, Bedürfnissen und Rechten an erster Stelle kommt, wird eindrücklich offensichtlich, wenn man sich das Fundament unseres Landes ansieht. Das deutsche Grundgesetz sagt über unsere Grundrechte:

Artikel 1(1): Die Würde des Menschen ist unantastbar. Sie zu achten und zu schützen ist Verpflichtung aller staatlichen Gewalt.

Artikel 2 (1): Jeder hat das Recht auf die freie Entfaltung seiner Persönlichkeit, soweit er nicht die Rechte anderer verletzt ...

Artikel 3 (1): Alle Menschen sind vor dem Gesetz gleich.

Artikel 3 (2): Männer und Frauen sind gleichberechtigt.

Artikel 4 (1): Die Freiheit des Glaubens, des Gewissens und die Freiheit des religiösen und weltanschaulichen Bekenntnisses sind unverletzlich.

Artikel 5 (1): Jeder hat das Recht, seine Meinung in Wort, Schrift und Bild frei zu äußern und zu verbreiten ...

Artikel 12 (1): Alle Deutschen haben das Recht, Beruf, Arbeitsplatz und Ausbildungsstätte frei zu wählen.

2. Die größte Befreiungsaktion in der Geschichte der Menschheit

Individualismus ist für uns, unsere Kultur und erst recht unsere Jugendlichen eine völlig selbstverständliche Tatsache. Wie aber ein Blick auf seine Geschichte zeigt, gibt es ihn in dieser allumfassenden Form noch gar nicht so lange. Bevor der einzelne und das, was er dachte, wollte oder glaubte, Beachtung fand, kam die Gemeinschaft. Was diese für gut hielt, hatte absolute Priorität. Sie konnte natürlich nicht direkt in Worten sagen: „Tue dies und laß das.“ Dafür aber haben Gemeinschaften andere Möglichkeiten, sich Gehör und Gehorsam zu verschaffen. Sie erfinden Traditionen und Normen, Werte und Moral. Kommt ein Individuum in eine bestimmte Situation, wendet es diese vorgegebenen Verhaltensmuster an. Es sind Anweisungen der Gemeinschaft an einzelne. Sie erklären, wie bestimmte Probleme zu lösen sind.

Natürlich gibt es diese Muster auch heute noch. Aber sie sind längst nicht mehr so verbindlich, und man hat häufig verschiedene Möglichkeiten zur Auswahl. Man kann sich aussuchen, welches Muster zu einem paßt. Das war vorher anders, festgelegter: „Das macht man halt so. Das hat man immer so gemacht.“ Das ist unsere Norm, das ist normal. Nicht normal sein heißt dann, kein Teil von uns zu sein. Wer kein Teil von uns sein will, wird ausgeschlossen, wird zum Außenseiter.

Nun kommt die Individualisierung als eine große „Befreiungsaktion“ des einzelnen Menschen daher. Unzählbare Zwänge können abgelegt werden. Das Individuum muß in den meisten Bereichen seines Lebens nicht mehr darauf hören, was andere sagen. Es hat die volle Verantwortung für seine Entscheidungen. Es braucht auf keine fremde Autorität zu hören. Es gehört nur sich selbst.

Daß dabei der einzelne in den Vordergrund rückte und nicht entsprechend in die Gemeinschaft eingebunden werden konnte, wurde eigentlich erst in der Mitte des 20. Jahrhunderts zur vorherrschenden Ideologie. Auch wenn es zuvor immer wieder von einzelnen oder bestimmten Personengruppen diskutiert worden war, floß es erst jetzt, als selbstverständlicher Tatbestand, in das alltägliche Leben aller Mitglieder einer Gesellschaft ein. Diesem langen Marsch – von antiken Philosophien, über den Humanismus und die Aufklärung bis hin zum Liberalismus und schließlich dem Individualismus – hier detailliert nachzugehen, wäre sicherlich nicht angebracht. Aber es ist wichtig zu verstehen, daß dieses gedankliche System nicht selbstverständlich ist. Es war nicht immer schon so, sondern ist im Grunde genommen nichts anderes als die zur Zeit herrschende Lebensphilosophie.

3. Verdammt zur Freiheit?

Erst einmal schmeckt diese neu gewonnene Freiheit natürlich phantastisch. Kaum einer würde heute auf sie verzichten wollen. Bei genauerer Betrachtung wird deutlich, daß an die Stelle alter Zwänge neue getreten sind. Wo eine Gemeinschaft durch Autoritäten wie Staat, Kirche und Gesellschaft nicht mehr klar bestimmt, was ein Mensch zu tun und zu lassen hat, muß der einzelne selbst entscheiden. Die Betonung liegt auf „muß". Das „Entscheidenmüssen" ist zum neuen Zwang geworden.

Alles, was selbstverständlich erschien, muß jetzt entschieden werden: Welche Bildung wählt man? Wie intensiv widmet man sich ihr? Wo möchte man versuchen zu arbeiten? Womit verdient man sein Geld? Will man allein, mit schnell oder langsam oder überhaupt nicht wechselnden Partnern leben? Will man Kinder kriegen, verhüten, sich einpflanzen lassen oder abtreiben? Wo will man Sinn finden oder entscheidet man lieber gleich, daß das Leben sinnlos ist? Was ist normal, verwerflich, heldenhaft, schön, böse, gut, falsch, wahr?

Die Tage, in denen sich die Bildung und der Beruf der Kinder daran orientierten, was der Vater war, sind vergangen. Vorbei die Zeiten, in denen die Dorfgemeinschaft festlegte, was normal und was abartig ist. Die Zeiten, in denen das, was die Kirche und der König sagten, als allgemein verbindlich und wahr galten, sind endgültig vorüber. Nur in Sonderfällen nimmt die Gemeinschaft einem Individuum diese Entscheidungen ab. Und zwar dann, wenn man in den Augen der Gemeinschaft körperlich oder geistig nicht in der Lage ist, Entscheidungen frei treffen zu können. Genauer gesagt: wenn man noch zu jung oder schon zu alt ist, wenn man zu krank ist oder das

Bewußtsein nicht ausgeprägt genug ist oder wenn man sich einfach so viele Freiheiten herausgenommen hat, daß man die der anderen mißachtete, also straffällig wurde (und die fällige Strafe lautet meistens „Freiheitsentzug"). Diese Sonderfälle belegen als Ausnahmen eines Normalzustandes recht deutlich: Jeder muß seine Entscheidungen selbst treffen und ist dann auch selbst für sie und ihre Folgen verantwortlich!

4. Jeder bastelt sich sein Leben

Dieser radikale Wandel bringt, neben einem ungeheuren Zugewinn für die Rechte und Freiheiten des einzelnen, aber auch einen immensen Verlust an Sicherheit und Stabilität mit sich. Die neuen Anforderungen, Abhängigkeiten und Zwänge können zu einer erdrückenden Last werden. Der Raum, in dem diese Entscheidungen gefällt werden müssen, ist unglaublich groß. Das heißt, es gibt viele Handlungsspielräume, aber auch viele Chancen. Und gleichzeitig macht diese unüberschaubare Komplexität fundierte Entscheidungen oft unmöglich. Letztendlich wird man nie wissen können, welche Möglichkeit die beste gewesen wäre.

Verstärkt wird dieses Problem durch sich ständig verändernde Bedingungen. Es ist, als ob man auf bewegliche Ziele schießen muß. Dabei ist es nicht entscheidend, daß das Ziel ständig seine Position verändert. Das Hauptproblem besteht darin, daß die Kugel jahrelang unterwegs ist. Die Frage ist am Ende nicht, wie gut geschossen wurde, sondern ob das Ziel beim Eintreffen der Kugel überhaupt noch an Ort und Stelle ist. Das bringt vor allem Probleme für Entscheidungen mit erheblichen Langzeitfolgen, wie in den Fragen nach Ausbildung und Berufswahl, nach Heirat und Familiengründung. Unsicherheiten sind unvermeidbar. Gewisse Dinge kann man tun, um seine Chancen auf Treffsicherheit zu erhöhen, aber sicher wissen kann man das nie.

Letztendlich muß man versuchen, möglichst klug geeignete Bestandteile zusammenzufügen. Wie beim Aktienkauf legt man sich nicht auf eine Sache fest. Man verteilt sein Investment und somit sein Risiko. Ein wenig Sicherheit vom einen, ein wenig Sinn vom anderen. Etwas Selbstverwirklichung hier und etwas Wahrheit dort. Man schustert, man flickt, man bastelt, man baut und versucht, sich sein Leben möglichst optimal zusammenzustellen. Aus dem unbegrenzten Angebot der Lebensmuster kauft man sich zusammen, was einem zusagt. Je mehr man zu bieten hat, desto mehr kriegt man auch. Es geht zu wie beim Einkauf im Supermarkt. Recht treffend spricht die Wissenschaft von Wahl- oder Bastelbiographien, von Patchwork-identity.

5. Die Erfindung der Jugend

Bei Jugendlichen spielt sich dieses Drama besonders intensiv ab. Das liegt daran, daß sie in dieser Phase des Lebens viele Weichen stellen müssen. Sie individualisieren sich, müssen also viele Entscheidungen treffen. Machen sie in diesem Lebensabschnitt bedeutende Fehler, kann das ihre Chancen in der Zukunft immens einschränken. Das hat damit zu tun, daß die Lebensphase Jugend erfunden wurde, um Menschen, die keine Kinder mehr sind, nicht sofort die Lasten des Erwachsenenseins aufzubürden, sondern sie für eine Zeit „freizustellen". Diese Freistellung sollte dazu genutzt werden, sich auf Erwachsenenwelt und Beruf vorzubereiten. Die Jugendphase ist ein Zwischenstatus, eine Art Auszeit, die sich in dieser Form erst im Laufe des letzten Jahrhunderts entwickelt hat. Voll zum Tragen kam sie wohl erst in diesem Jahrhundert.

Vielen Kulturen ist ein vergleichbares Stadium unbekannt. Ein Kind wird direkt zur Frau oder zum Mann. Dieser Übergang wird häufig durch Initiationsriten und Feste gekennzeichnet, die meist dann stattfinden, wenn das Kind Geschlechtsreife erreicht. Das ist übrigens ein Grund dafür, warum man in der Bibel keine Aussagen über die Jugend in unserem Sinne findet. In der jüdischen Religion und Kultur findet der Übergang vom

Kind zum Erwachsenen (der verantwortlich ist, alle Rechte und Pflichten der Torah zu befolgen) für Mädchen mit 12 Jahren in der Bat mizwa und für Jungen mit 13 in der Bar mizwa statt. Obgleich der Brauch in dieser Form erst im Mittelalter entstand, hatte er durchaus biblische Vorläufer (man denke an den 12jährigen Jesus im Tempel).

Das ist bei uns anders. Jugendlichen wird, vor allem seit Beginn dieses Jahrhunderts, in einem umfangreichen Rahmen eine außerordentliche Rolle zugebilligt. Einen solchen Sonderstatus kann man oft an der Veränderung in der Gesetzgebung erkennen. Tatsächlich wurde in Deutschland im ersten Viertel des Jahrhunderts die Rechtsprechung, was Jugendliche angeht, geändert. Im Oktober 1915 wurden, um die „Seuche jugendlichen Verbrechens und Fehlverhaltens zu zügeln", der Verkauf von Alkohol und Tabak an Jugendliche unter 17 (später 16) verboten und unter harte Strafen gestellt. Kinos, Tanzlokale und sogar Eisdielen werden zum Sperrgebiet erklärt. Das Jugendgerichtsgesetz von 1923 rückte das Strafmündigkeitsalter von 12 auf 14 Jahre herauf und 1926 wurde das „Gesetz zur Bewahrung der Jugend vor Schund- und Schmutzschriften" erlassen.

Dies alles zielte darauf ab, Jugendlichen einen Vorbereitungsstatus zuzubilligen, der sie vor der Erwachsenenwelt schützen und weitgehend von Arbeit freistellen sollte. Dadurch konnten sie länger an Bildung und Ausbildung teilnehmen und sich besser für spätere Berufe qualifizieren. Es bedeutete aber auch, daß sie in dieser Phase weiterhin, mindestens finanziell, abhängig blieben. Erst mit einem festen Beruf und einem Gehalt, das ihre Selbständigkeit sicherte, wurden sie „richtige" Erwachsene. Also: In einer Zeit, in der das Individuum ins Licht rückt und als Einzelpersönlichkeit anerkannt wird, beginnt man auch den jugendlichen Menschen verstärkt zu schützen und ihm die Möglichkeit zu geben, sich vollständiger zu entwickeln. Der Zusammenhang und die Zeitgleichheit dieser Entwicklungen sind sicherlich nicht zufällig.

6. Leben in der Schwebe: Der Geschmack von Freiheit und die Last des Alltags

Nun wird das Problem um die Individualisierung Jugendlicher klarer. War die Phase des Jugendlichen früher zeitlich klar begrenzt und hatte die eindeutige Funktion der Vorbereitung, so beobachtet man heute, daß diese Einführung in die Erwachsenenwelt längst nicht mehr so klar begrenzt ist. Der Übergang ist länger und vor allem schwammiger geworden: länger, weil (wohl hauptsächlich durch gute Ernährung) die Pubertät immer früher beginnt und die Ausbildung länger dauert; schwammiger, weil eindeutig erwachsene Verhaltensweisen von Jugendlichen bereits früher übernommen werden.

Bis sie mit ihrer Ausbildung fertig und wirklich unabhängig sind, haben Jugendliche bereits Entscheidungsfreiheit in den meisten Fragen des Lebens. Angefangen bei dem, was sie glauben, über das, was sie tun wollen, bis hin zu der Frage, mit wem sie schlafen oder nicht. Es gab Zeiten, da bestimmten in diesen Dingen ausschließlich Erwachsene. Das Dilemma ist z.B., daß man, weil gesetzlich volljährig, wählen und Auto fahren darf, man aber immer noch mitten in der „Vorbereitungsphase" steckt. Das Verwirrendste und Frustrierendste überhaupt ist dann natürlich die Tatsache, daß man aufgrund der hohen Jugendarbeitslosigkeit und des Lehrstellenmangels erstens seine „Vorbereitungen" teilweise nur schwer oder gar nicht abschließen kann, und zweitens für lange Zeit nicht oder überhaupt nie in den Genuß kommt, als arbeitender Erwachsener das Gefühl der Selbständigkeit und Nützlichkeit zu erfahren. Man lebt in der Schwebe.

In anderen Worten: Jugendliche sind in Fragen des Konsums früher frei, aber in Fragen der Notwendigkeit länger gebunden. Daß andere Gleichaltrige nicht nur Leidensgenossen, sondern auch immer Konkurrenten auf dem Markt sind, erhöht zwar durch Wettbewerbssteigerung die Produktivität, aber häufig bleiben damit auch der Gemeinschaftssinn und die Solidarität auf der Strecke. Damit wären wir dann wieder mitten im Individualismus, der nun als notwendig gilt. Jeder muß versuchen, sich durchzusetzen, durchzuschlagen, durchzukämpfen. Jeder muß für sich da hindurch. Diese Last droht das Individuum zu erdrücken. Aber ist man auch einsam, wenn man sich zu sehr auf andere konzentriert? Verliert man nicht vielleicht auch noch die paar Chancen, die man noch hat? Die Wissenschaft spricht von Vereinzelung.

Trends: Orientierungshilfen im 20. Jahrhundert

Damit bin ich bei der Frage der Trends angelangt. Denn auch, wenn das Individuum nicht mehr verpflichtet ist, den Anforderungen der Gesellschaft Folge zu leisten, lebt es nicht in einem isolierten Raum. Der Mensch lebt mit anderen und orientiert sich an ihnen. Der große Unterschied seit der Individualisierung: Jeder kann frei wählen, an wem oder was er sich orientiert. Der einzelne kann, dank der Trends, die Spannung zwischen zwei Polen überwinden. Einerseits kann er in seiner neuen Aufgabe als Individuum unverkennbar sein. Andererseits kann er aus einer Fülle von Angeboten, unverbindlich und auf Zeit, Lebens- und Lösungsmuster beanspruchen, die ihm helfen, sein Leben zu organisieren. Der andere große Effekt der Trends (vor allem bei Jugendlichen): Oft findet das vereinzelte Individuum in der „Wahlgemeinschaft Trendfamilie“ Halt, Bedeutung und Gemeinschaft.

1. Trendwellen! – Alles Geschmackssache?

Es scheint eine Art Kreislauf zu sein. Trendscouts ziehen umher um auszukundschaften, zu beobachten, zu analysieren. Gesucht werden Trends und trendige Leute. So fahnden Trend- oder Szene-Scouts in verschiedenen Szenen und Kulturen nach neuen Ausdrucksformen. Das mittlerweile weit verbreitete Piercing kam beispielsweise via SM-Szene von afrikanischen Kulturen. Auch das Bungee-Jumping war keine neue Erfindung,

sondern wurde von südamerikanischen Indianern übernommen. Dort ist es ein Initiationsritus, bei dem Jungen zu Männern werden, nur daß er nicht mit Gummiseilen, sondern mit Lianen durchgeführt wird. Es werden die neusten Entwicklungen vor allem in Sachen Mode, Musik und Events gejagt. Hat der Scout an trendigen Leuten einen vermeintlichen Trend entdeckt, wird dieser weitergeleitet. Hauptsächlich arbeiten Trend-Scouts im Auftrag von Werbe- und PR-Agenturen sowie Unternehmen, die schnell und flexibel auf neuste Entwicklungen auf dem Markt reagieren möchten.
Diese Unternehmen können als Trendsetter zur richtigen Zeit viel Geld verdienen. Denn eine Jacke trägt man schon lange nicht mehr bis sie kaputt ist, sondern natürlich nur, bis sie unmodern, nicht mehr im Trend ist. Konnte man also früher pro Person nur alle paar Jahre eine neue Jacke verkaufen, kann man dies nun jede Saison tun. Ist der Trend also gefunden, muß er belebt und beworben, gepuscht und „gemolken" werden. Denn die Zeit drängt. Distanziert man sich nicht rechtzeitig von den alten Trends, könnte das imageschädigend wirken.
Um als echter Trend zu gelten, muß ein Trend relativ kurzlebig sein! Er muß mit überwältigender Macht einschlagen und plötzlich die angesagte Sache sein. Nur wenn man einem bestimmten Trend folgt, während er auf dem Weg nach oben ist, ist man am Puls der Zeit. Hat erst einmal jeder mitgekriegt, was läuft, ist der Trend schon wieder auf dem Weg nach draußen: Out! Man muß die Welle reiten, solange sie wild ist, Energie, Kraft und Schwung hat. Das Schlimmste, was einem passieren kann, ist, in einem Pfützchen zurückzubleiben, wenn bereits alle auf einer neuen Welle schwimmen. Ist der Trend allen bekannt und zugänglich, ist er etabliert und gezähmt. Aber um ein Trend zu sein, muß er den Hauch des Neuen und Ungewöhnlich haben, den „Hasteschon-gehört-Effekt". Vielleicht müssen Trends einfach etwas „shocking" sein.

Letzten Endes orientiert sich jeder an jedem. Der eigentliche Witz an der Sache ist, daß gleichzeitig jeder denkt, er trägt dies und tut das, weil es alles sein individueller Geschmack ist. Ich finde es halt schön, oder es macht mir eben Spaß. Warum es mir letztes Jahr noch keinen Spaß gemacht hat und warum ich es nächstes Jahr nicht mehr schön finde, wird größtenteils nicht hinterfragt. Man hat schon genug damit zu tun, den neuen Trends nachzuspüren ...

2. Guck mich an und du weißt, wie es in mir aussieht: Einstellungstrends und Ausdruckstrends

Die eben beschriebenen Trends möchte ich „Ausdruckstrends" nennen. Es handelt sich um Trends oder eine Art Modeerscheinungen in Musik, Kleidung, Sport, Sprache oder verschiedensten Aktivitäten. Es sind in der Regel unter bestimmten (teilweise sehr großen oder mehreren) Gruppen verbreitete Vorlieben, die meistens zeitlich begrenzt sind. Da man diese Trends sehen, hören und spüren kann, drücken sie etwas aus, das auch andere wahrnehmen können.

Aber es gibt meines Erachtens noch andere, tiefer sitzende, versteckte Trends. Diese möchte ich als „Einstellungstrends" bezeichnen. Es handelt sich um (teilweise recht große) gesellschaftliche Strömungen, die anhaltende Veränderungen bringen können. Diese Trends drücken Einstellungen, Sichtweisen, man kann sagen „Glaubensbekenntnisse" aus. Sie haben damit zu tun, wie man gewisse Dinge sieht und mit ihnen umgeht. Diese beiden Arten von Trends haben viel miteinander zu tun. Häufig nämlich verhelfen „Ausdruckstrends" den „Einstellungstrends" zu einem Gesicht, einem Bild, einem Image. So werden Einstellungen ablesbar, sichtbar und derAußenwelt signalisiert.

Eine Kultur beispielsweise, der ein Leben zu kurz und 24 Stunden am Tag zu wenig sind, braucht Fast Food und Mikrowelle, Handy und Fernbedienung. Alles muß mitgenommen werden, nichts darf einem entgehen. Das Problem ist, je mehr Zeit man auf eine Sache verwendet, desto mehr verpaßt man vom anderen. Also ist man nur zufrieden, wenn man gleichzeitig Fernsehen gucken, Musik hören, Magazin lesen und telefonieren kann. Der Glaube, daß ein erfülltes Leben nicht reicht und man deshalb aus dem einen 99 machen muß, wird offensichtlich. Hier wäre der „Einstellungstrend" also der Glaube, daß man alles mitnehmen muß. Der „Ausdruckstrend" würde durch den Konsum von Fast Food und das ständige Mitführen des Handys belegt. Man kann sich aber auch jemanden vorstellen, der mit ungekämmtem Haar, zerrissenen Hosen und offenen Schuhen herumläuft. Dieser „Ausdruckstrend" könnte sicherlich etwas über die Einstellung zu einer Kultur, die Ordnung und Sauberkeit zur Priorität erhebt, verraten.

3. Trendpakete

Vor allem in der Jugendkultur findet man häufig Gruppen, die ein gesamtes Trendpaket zur Verfügung stellen. In der Packung sind „Einstellungstrends" und „Ausdruckstrends" enthalten, also Vorgaben dazu, was man über bestimmte Dinge denkt und die dazugehörigen Kleidungs-, Musik-, Frisurstile usw. Eingeschlossenen sein kann darin auch die Information darüber, wer Freund und wer Feind ist, was gut und was böse ist, warum man lebt und wofür man sterben würde. In anderen Worten: Hier ist eine ganze Identität abgepackt. Daß man natürlich in einem gewissen Rahmen variieren und mit den Inhalten spielen kann, ist klar. Aber man spielt eben nur in einem vorgegebenen Rahmen. Zum Beispiel Punks. Es gibt Punkmusik, runtergekommene Kleidung und gefärbtes, herausragendes Haar. Ist man ein Punker, wird die Einstellung im Kopf als Bekenntnis auf dem Kopf dargestellt. Man will unabhängig, unbequem und kompromißlos sein. Leben ist nicht begreifbar, ist Chaos. Und genau das kann man auch äußerlich erkennen.

Bedenkt man es genau, überrascht es nicht, daß eine Gesellschaft voller Individuen, die meistens völlig mit sich selbst beschäftigt sind, nach Gemeinschaft und Spaß mit anderen verlangt. Aber – und das ist wieder der große Vorteil der individualisierten Gesellschaft – man kann sich dazu entscheiden, daß man irgendwo zu einer Gruppe gehören will. Es geschieht nicht, wie in früheren Zeiten, automatisch, sondern ist der Entschluß jedes einzelnen. Deshalb sind Individualisierung und Trends fest verflochten. In einer Gemeinschaft, in der ich nicht frei wählen kann, können allgemein zugängliche Trends in diesen Ausmaßen niemals entstehen. So waren beispielsweise Mode- und Musiktrends vergangener Jahrhunderte nur für eine kleine, obere Klasse relevant.

Heute kann jeder einen zu ihm passenden Trend oder gar ein gesamtes Trendpaket für sich in Anspruch nehmen. In der Jugendszene werden Gruppen mit solchen Trendpaketen übrigens auch als „Tribes", als „Stämme" bezeichnet. Es gibt die Technos, die Schickies, die Girlies, die Gruftis, die Faschos, die Umwelter, die Skater, die Jesus-Freaks, die Computer-Kids usw. (Häufig sind diese Namen übrigens nicht von den „Stammesangehörigen" selbst ausgewählt, sondern nur ein von außen geprägtes Label.) Jeder „Stamm" hat sein eigenes Trendpaket. Solange man sich nur aus diesem bedient, gehört man ganz und gar dazu. Man kann aber auch nur am Rande oder gelegentlich gewissen „Stämmen" angehören. Sobald man genug davon hat, kann man wieder frei entscheiden, seinem „Stamm" den Rücken zu kehren.

Daß die meisten Jugendlichen „Stämmen" angehören, ist aber ebenso ein Mythos wie der, daß es eine Jugendkultur gibt oder gab. Er scheint von Leuten erdacht, die Jugendliche gerne einordnen würden, um sie besser in den Griff zu bekommen. Das wäre für Werbung und Politik, aber auch für die Jugendarbeit äußerst reizvoll. Man könnte leichter Einfluß nehmen und so kontrollieren. Aber diesen Kategorisierungen gelingt es meistens nicht, die Realität, in der Jugendliche stecken, zu erfassen.

4. Der individuelle Trendmix

Wenn es ein Mythos ist, daß die allermeisten Jugendliche in „Stämme" einzuordnen sind, wie orientieren sie sich dann an Trends? Sich nur einem einzigen Trendpaket zu verschreiben, würde in weiteren Entscheidungen zu sehr einschränken. Denn so lange man ganz und gar zu einem „Stamm" zählt, hat man sich dazu entschieden, zeitweilig und freiwillig seine Entscheidungsfreiheit zu begrenzen. Das wollen die meisten nicht tun. So wählen sie sich aus verschiedensten Trends und Trendpaketen ihre individuelle Kombination aus. Man hat einen Internetanschluß, hört gerne Schlager und Punkmusik, geht am Wochenende auf einen Rave, in den Osterferien Snowboarden und engagiert sich in den Sommerferien ehrenamtlich in einem Umweltprojekt.

Pluralismus hieß einmal, daß verschiedene Auffassungen und Praktiken der Lebensgestaltung gleichberechtigt nebeneinander existieren konnten. Heute bedeutet Pluralismus mehr. In einer Person vereint können Bestandteile der verschiedenen Muster gleichzeitig nebeneinander bestehen. Man wählt nicht mehr einen fertigen Gesamtentwurf aus, nach dem man dann zumindest eine Zeit lang lebt. Fortwährend entwirft man sich, baut sich, bastelt sich, schustert sich ein Leben nach den eigenen Träumen und Wünschen, Ängsten und Erwartungen zusammen. Und wenn etwas nicht mehr paßt, weil sich die Realität, die Sichtweise oder der Trend verändert, wird er ersetzt: Raus damit und austauschen! Man trifft alle Entscheidungen bis in die kleinsten Winkel seines Lebens. „Ich bestimme über jedes Detail selbst." Und genau das ist Individualismus reinsten Grades!

Die Trends spiegeln wider, was in der Individualisierung abläuft. Noch nie war das Leben so unbestimmt und fragwürdig. Noch nie konnte man so wenig ahnen, welchen Beruf man erlernen und was und wem man nun eigentlich glauben darf. Noch nie war es so gefährlich, sich zu sehr festzulegen. Denn ein zu frühes oder konsequentes Festlegen kann bedeuten, daß man plötzlich merkt: „Oh, ich sitze auf dem falschen Dampfer", und vielleicht ist es dann schon zu spät. Noch nie mußte man so flexibel sein, so sehr in der Schwebe leben. Diese Lebenserfahrung drückt sich besonders deutlich im spielerischen Umgang mit den Trends aus. Die einen sagen, hier entsteht eine unzuverlässige Jugend, die sich nicht festlegen kann. Die anderen erkennen, daß hier Jugendliche Verhalten für eine Gesellschaft einüben, die nur Menschen eine Chance gibt, die allzeit flexibel sind und stets bereit, in allen Belangen des Lebens Neues zu integrieren.

Christen: Leben im 20. Jahrhundert

Christen stehen in einem besonderen Verhältnis zu ihrer Zeit. Selbstverständlich leben sie in ihrer Kultur und Gesellschaft, sie gehören dazu, sind ein Teil von diesen. Auch sie stehen unter dem Einfluß von Medien und anderen Menschen. Auch sie sind geprägt vom Zeitgeist. Sie sind Kinder ihrer Kultur. Aber sie stehen ebenfalls in einer anderen, wichtigeren Beziehung. Sie sind Kinder Gottes und stehen auch unter dem Einfluß seines Geistes. Wie können sie also ganz in dieser Welt leben und gleichzeitig Botschafter einer anderen Welt sein? Wie können sie in und mit der Kultur hier leben, ja sich an ihr erfreuen, ohne den göttlichen Standard zu hintergehen? Wie können sie ganz Mensch und ganz Christ sein? Die beste Antwort hat wohl Gott gegeben, indem er sich als Mensch persönlich und vor Ort mit dieser Frage auseinandersetzte. So ist das Leben von Jesus eine perfekte Orientierungshilfe, mehr noch, eine lebendige Richtlinie.

1. Verliebt in jedes Individuum

Das Phantastische ist, daß Gott von jeher jedes Individuum ernstgenommen hat. Jeden einzelnen Menschen liebt er ganz

und gar. Keiner ist für ihn unwichtig oder überflüssig. Niemand braucht sich Sorgen zu machen, von ihm übersehen zu werden. Denn der Gott, der den kleinsten Vogel ernährt und die versteckteste Blume kleidet, kümmert sich um jeden einzelnen und jede einzelne (Mt 6,25ff). Zuallererst hat Gott uns nach seinem eigenen Vorbild geschaffen (1 Mose 1,27). Und was Gott gemacht hatte, war sehr gut! Als wir straffällig wurden, weil wir die von ihm gegebenen Gesetze brachen, ließ er uns nicht fallen. Er rettete die Beziehung. Jedesmal, wenn wir ihm den Rücken kehren, steht er da mit offenen Armen und einem liebenden Lächeln. In anderen Worten: Wir sind in Gottes Augen unglaublich geliebt. Das bedeutet, jeder einzelne von uns ist ungeheuer wertvoll.
Das ist die Grundlage einer christlichen Verantwortung, die sich um das Wohl eines Menschen in jedem Belang kümmern will. Sie nimmt den Menschen in seiner körperlichen, emotionalen, intellektuellen, sozialen und geistlichen Dimension ernst. Gerade Jugendlichen gilt es das liebend klar zu machen in einer Zeit, in der sie sich von jedem und allem verlassen fühlen. Das ist auch die Art und Weise, wie Jesus mit den Menschen in seiner Umgebung umging. Er trat offen an sie heran, hörte ihnen zu, nahm sie ernst, liebte sie. Aber wie man schon an diesem Abschnitt erkennen kann, gibt es einen gewaltigen Unterschied zwischen dem Individualismus und einer christlichen Lebensweise, obgleich beide den ungeheurem Wert eines jeden Menschen zur Grundlage haben. Der Blick eines Christen sollte nicht vorrangig auf sich selbst, sondern auf sein Gegenüber und auf Gott gerichtet sein.

2. Gemeinschaft der Liebe

Hier hebt sich eindeutig christlicher von individualistischem Glauben ab. Denn im Individualismus bleibt letzten Endes und bei allem Respekt für das andere Individuum doch das „Ich" die erste Liebe. Jeder muß versuchen, das meiste aus seinem

Wert und seinen Fähigkeiten zu machen. Wenn andere Individuen in ihren Entfaltungsmöglichkeiten ernsthaft eingeschränkt sind, muß man zusehen, sie in eine menschenwürdige Freiheit zu stellen. Aber dann steht jeder für sich allein und muß versuchen, das Beste aus sich zu machen. In extremen Fällen spricht man in diesem Zusammenhang deshalb von „Narzißmus", einer eigensüchtigen Selbstliebe, die so sehr mit sich selbst beschäftigt ist, daß sie den anderen nicht mehr ausreichend wahrnimmt. Narziß war der Mann, der sich eines Tages im Spiegelbild eines Teiches erblickte. Erst fiel er dem Spiegelbild seiner Schönheit zum Opfer, dann fiel er in den Teich und ertrank.

Was die Bibel als wahre Liebe offenbart, ist etwas anderes. Es ist zuerst die unfaßbare Liebe Gottes zu jedem einzelnen Menschen. Entschließt sich ein Mensch, eine Beziehung zu Gott einzugehen, nimmt Gott ihn als Kind in seine Familie auf. Von jedem Familienmitglied erwartet Gott jetzt auch diese Liebe; einmal zu sich selbst, aber auch zu allen anderen Menschen (Mt 22,37-40). Es ist nicht verwunderlich, daß Christen in diesen Zeiten die Liebe zu sich selbst, die hier auch genannt wird, ebenso betonen wie die Liebe zu Gott und den anderen. Bei genauem Lesen aber fällt auf, daß Jesus eindeutig von zwei Geboten spricht: der Liebe zu Gott und dem Nächsten. Ein Drittes hineinzulesen ist mehr als fragwürdig, zumal das Wort „agape", um das es sich hier handelt, die dienende, sich selbstlos aufopfernde Liebe bezeichnet. Aber wie kann man sich auf diese Art (selbstlos, sich selbst aufopfernd) selbst lieben?

Vielmehr ist in der „Gemeinschaft der Heiligen", die im Glaubensbekenntnis genannt wird, ein Kernelement christlichen Lebens. Sie wird als Familie, Einheit, ja als ein Körper verstanden. Gott ist Vater dieser Familie, Teil dieser Einheit, Kopf dieses Körpers. Christen sind gemeinsam mit und in ihm eine Gemeinschaft der Liebe. Diese Liebe drückt sich nicht darin aus, daß jeder sie auf sich selbst richtet. Sie zeigt sich da, wo man sich Gott und anderen selbstlos liebend und aufopferungsvoll dienend hingibt. Der Individualismus hätte mit dieser Art von Selbstaufgabe anstelle von Selbstverwirklichung Schwierigkeiten. Hier müssen Christen der Lebensphilosophie unserer Kultur entgegentreten und offensichtlich anders sein. Diese Liebe ist ihr Erkennungszeichen (Joh 3, 35).

3. Trendfern und weltfremd: Eine Kultur für sich

Es ist sehr interessant, sich die Frage zu stellen, was eine Kultur auszeichnet. Man wird auf Dinge stoßen wie eine gemeinsame Sprache, gemeinsame Traditionen, gemeinsame verehrte „Helden", eine gemeinsame Auffassung darüber, was man mit seinem Leben anstellen soll und was nicht, häufig gemeinsame Vorlieben im Bereich der Musik. Dann muß man sich eine zweite Frage stellen: Inwieweit haben Christen eine eigene Sprache, Tradition, Musik etc.? Oder in anderen Worten: Inwieweit sind sie zu einer eigenen Kultur geworden? Nun liegt es nahe, daß Christen anders sind, weil ihre Fundamente und Wertmaßstäbe andere sind. Es ist auch nicht unbedingt immer schlecht, zumindest teilweise eine eigenständige Kultur zu pflegen. Denn eine Kultur zeigt, wo Grenzen liegen und hält die Teilnehmer der Kultur zusammen.

Problematisch wird die Sache lediglich, wenn die Grenzen für Außenstehende zu unüberwindbaren Mauern werden, wenn sie durch die Eigenart der Kultur von vornherein ausgeschlossen werden. Nicht nur, daß der Zugang für die meisten unmöglich ist, vielleicht noch schlimmer ist, daß er überhaupt nicht interessant ist. So leben die einen wie die anderen für sich und haben nur wenig Berührungspunkte. Das ist nicht nur traurig, sondern das Gegenteil von dem, was Jesus in seiner Kultur gelebt hat. Er ging auf Menschen zu, lebte und aß mit ihnen, setzte sich mit ihren Problemen auseinander, wurde ihnen ein Freund, erzählte Geschichten über die Wahrheit mit Elementen aus ihrem Alltag. Wie hätte er wohl über Bibelarbeit und

Sonntagsschule (jetzt auch noch sonntags in die Schule!), Losungen und „Worshippen“, eine Kultur des „Gezeigtbekommens“ und der Allianzen gedacht, wie hätte er über diese Dinge gesprochen?

4. In jeder Beziehung lebensnah und offen für andere!?

Es ist tatsächlich nicht das Ziel des Christenlebens, nur schöne Bibel- und Gebetsclubs aufzubauen, gelungene Konzert- und Liederabende durchzuführen, erbauende Seminar- und Gottesdienstveranstaltungen abzuhalten. In anderen Worten: Es geht nicht um den Aufbau einer eigenen christlichen Kultur, um einen Raum, in dem man sich wohlfühlen kann und man mit dem „Dunklen da draußen“ nichts zu tun haben muß. Ganz im Gegenteil: Der Auftrag lautet, Licht zu sein, um Dunkelheit zu erhellen. Es geht nicht darum, ein angenehmes Leben im Salzstreuer zu führen, wenn die Aufgabe heißt, Salz zu sein. Salz allein und für sich hat keinerlei Wirkung. Wir haben aber die Aufgabe, etwas von Gott, seiner Liebe und einem Leben mit ihm ‚rüberzubringen'.

Wie will man aber eine Kultur und Gesellschaft, eine Zielgruppe erreichen, wenn man diese nicht kennt? Wie soll das gehen, wenn man nicht weiß, wo die Menschen heute dran sind, worunter sie leiden und was sie mögen? Mißachten wir sämtliche Trends und Entwicklungen in der Gesellschaft, werden wir eine christliche Kultur praktizieren, die sich lediglich denen zuwenden kann, die diese Kultur mögen. Und das sind ausschließlich Christen.

Wollen wir wirklich mit Jugendlichen zu tun haben, ist es nötig, Vertrauen zu verdienen. Das tut man, indem man beweist, daß man ihre Vorlieben und Trends, aber vor allem auch ihre Probleme und Ängste kennt, mit denen sie leben. Dazu gehört natürlich auch, daß man an diesen Stellen ansetzt, um ihnen zu helfen. In einer Zeit der schnell wechselnden Umstände und kurzlebigen Trends gibt es eine wesentliche

Gruppe, deren Unterstützung wir an dieser Stelle dringend brauchen: die Jugendlichen selbst! Von ihnen müssen wir bereit sein zu lernen, sie müssen wir bereit sein zu unterstützen, ihnen müssen wir zuerst Vertrauen schenken und dann auch handfeste Verantwortung anvertrauen!
Würde man den Senioren einer Gemeinde mitteilen, daß sie ab jetzt zur Gemeinde von gestern zählen, gäbe es berechtigterweise Empörung und Aufruhr. Aber eine vermessene Behauptung, die dieser gleichkommt, ist die Aussage, daß Jugendliche Gemeinde von morgen sind, daß sie heute noch nicht „dran" sind. Nachdem es für so lange Zeit vor allem Frauen waren (und teilweise noch sind), deren Gaben und Potential verkannt blieben, sind es in unseren Zeiten zunehmend Jugendliche, die zwar teilnehmen sollen, aber kaum Bedeutendes beitragen dürfen. Deshalb entscheiden sich heute viele Jugendliche für ein Leben mit Gott, aber ohne Gemeinde. Wird man in manchen Bewegungen und Gemeinden nicht endlich anfangen, Jugendliche als gleichwertige Gemeinde von heute anzuerkennen, wird es bald kaum noch welche geben, die bis morgen warten werden. In manchen Dingen sollte die Gemeinde von heute neue Trends setzen ...

***Patrick Depuhl**, 1970 in Duisburg geboren, aufgewachsen im/mit dem Christ Camp in Krefeld, nach einer Ausbildung zum Jugendpastor (B.A., Chicago) mit studienbegleitender Arbeit in Ghetto, Jugendgefängnis und verschiedenen Gemeinden, vollzeitige Jugendarbeit im Christ Camp, ist seit beinahe 15 Jahren in der Jugend- und Camparbeit u.a. in den USA, der Dominikanischen Republik, der Schweiz, Finnland und Deutschland tätig,*

studiert zur Zeit Kommunikationswissenschaft, Psychologie und Germanistik und ist freischaffend als Jugendpastor, Dolmetscher und Moderator aktiv, seit 1997 verheiratet mit Judy.

Zum Weiterdenken

1. Individualismus: Lebensphilosophie im 20. Jahrhundert
* Welche neuen Chancen bietet der Individualismus für unsere Arbeit? Welche neuen Probleme stellen sich für unsere Arbeit, für die wir auch kaum auf frühere Erfahrungen zurückgreifen können?

* Welches Lebensgefühl verbindet sich mit diesen Sätzen: „Verdammt zur Freiheit“ – „Jeder bastelt sich sein Leben“ – „Leben in der Schwebe“?

2. Trends: Orientierungshilfen im 20. Jahrhundert
* „Die Trends spiegeln wider, was in der Individualisierung läuft. Noch nie war das Leben so unbestimmt und fragwürdig“. Trends als Voraussetzung und Reaktion der Individualisierung. Welchen Stellenwert haben Trends für Jugendliche? Für mein Leben? Für unsere Arbeit? Für die Zukunft?

* „Ausdruckstrends“, „Einstellungstrends“, „Trendpakete“, „Trendmix“, „Trendwellen“. Welche Beispiele fallen Ihnen dazu ein?

3. Christen: Leben im 20. Jahrhundert
* „Wie können sie ganz in dieser Welt leben und gleichzeitig Botschafter einer ganz anderen Welt sein?“ Was antworten Sie auf diese zentrale Frage?

* Welches Bild zeichnet sich für unsere zukünftige Arbeit in diesen Sätzen ab:
„Verliebt in jedes Individuum“ – „Gemeinschaft der Liebe“ – „Trendfern und weltfremd: Eine Kultur für sich“ – „In jeder Beziehung lebensnah und offen für andere“

Sich mal Zeit zum Nachdenken lassen

4 Everything is changing

Wie sich missionarisches Handeln verändert hat

Wir leben in einer anderen Zeit

In jeder Zeitepoche müssen Menschen neu darüber nachdenken, wie sie das Evangelium weitertragen können. Und unsere Zeit ist geprägt durch die Vielfalt von Stilen, Trends und Lebensformen, durch Erlebnisorientierung und Individualismus bis hin zu narzißtischen Fluchttendenzen. Die Realität des Alltags wird andererseits immer unattraktiver. Auf der einen Seite leben viele unter unglaublichem Streß und Arbeitsdruck, weil angeblich jeder beliebig austauschbar ist. Andererseits lebt eine wachsende Zahl Menschen ohne Arbeit und Perspektiven und kommt sich überflüssig vor. Es gibt Prognosen, die behaupten, daß die Zeit der Erwerbstätigkeit vorbei sei. Es werde nie mehr für alle Arbeit geben. Die Gesellschaft müsse sich umorganisieren. Man sollte dabei ruhig fragen nach der Wertschätzung des Lebens. Generationen, Millionen von Menschen haben ihr Leben in Arbeit umgesetzt. Heute fragen immer mehr: „Wo und wem bin ich noch etwas wert? Wer braucht mich noch?" Die Welt, die Geschichte, die Zeiten, das Leben sind unübersichtlich geworden: Werte, Gestaltungsformen, die getragen haben, tragen nicht mehr.

Lebenswelten Jugendlicher und junger Erwachsener

Vieles, was Generationen vor uns als Fortschritt betrachtet haben, hat sich heute als Rückschlag erwiesen. Es wächst das Empfinden, daß es so einfach nicht weitergehen kann.
Ein junger Erwachsener beschreibt seine Lebenssituation so: „Ich stehe in einem wunderschönen Park vor einem Superhaus. Dieses Haus hat viele beleuchtete Fenster und Türen. Du hast den Eindruck, da drin ist Leben, da geht die Post ab. Da gibt es Feste, Menschen, Wärme, Jobs. Wenn ich näher komme, sehe ich: Die da drinnen haben sich ganz schön zugemauert. Unten ist alles dicht. Du mußt also sehen, wo du bleibst und dich mit deinem Rucksack und deiner Isomatte irgendwo in die Büsche schlagen."
Mit denen „da drinnen" ist die ganze etablierte Gesellschaft gemeint: Parteien, Gewerkschaften, Kirchen und auch ein 150 Jahre alter CVJM. Deshalb spricht man heute von sogenannten „Parallelwelten", einer Mischung aus Traum und Wirklichkeit, wie der Welt der Stars, der Computerwelt, der Body-, Hopping-, Techno-Kultur oder den Extremsportarten.
In solche „Parallelwelten" kann man eintreten oder sich ausklinken, wie man möchte. Das ist etwas anderes als einem Verein beizutreten. In einem Verein laufen soziale Prozesse – in einer „Parallelwelt" nicht. Ich kann dazugehören, ohne Mitgliedsausweis, Beitragszahlung und Verbindlichkeit, über Beziehungsstrukturen braucht man sich da keine Gedanken zu machen. Solche „Parallelwelten" entstehen überall dort, wo Menschen gemeinsame Interessen, Wertvorstellungen, Religion und Freizeitaktivitäten entwickeln oder ganz einfach die gleichen Konsumartikel schön finden.
Aber wer will mich wirklich? Wer mag mich? Wer braucht mich denn noch? Zitat einer 17jährigen Jugendlichen: „Du mußt immer gnadenlos gut gelaunt sein."

Der Auftrag bleibt

Das Ziel einer missionarischen CVJM-Arbeit ist beschreibbar: aus säkularen Menschen sollen Jünger Jesu werden. „Geht hin und macht zu Jüngern alle Völker" (Mt 28,19) – auch Jugendliche und junge Erwachsene. Die Pariser Basis des CVJM paßt gut dazu. Sie ist in den Jahren ihres Bestehens ergänzt, aber nicht aufgehoben worden. Ziel unserer Arbeit ist es: „Das Reich ihres Meisters unter jungen Menschen auszubreiten."

Christlicher Glaube ist zwar immer persönlich, aber niemals privat. Deshalb müssen wir überlegen, was wir tun, um die Gabe der Evangelisation zu fördern. In der Bezeugung des Glaubens liegt zugleich eine Vergewisserung des Glaubens.

In den Umbrüchen unserer Zeit muß der CVJM ein Ort der Orientierung sein: Horizonte erweitern, Theologie für Ehrenamtliche anbieten und Auseinandersetzungen mit fremden Weltinterpretationen wagen, damit ehrenamtliche Mitarbeiterinnen und Mitarbeiter zu geistlich orientierenden Persönlichkeiten in Kirche und Gesellschaft werden. Es geht in allem immer um diesen einen, zeitlich nicht begrenzten Auftrag: „Wie mich der Vater gesandt hat, so sende ich euch" (Joh 20,21).

Wie sich missionarisches Handeln verändert hat

Die Beauftragung ist die gleiche geblieben: „So sind wir nun Botschafter an Christi Statt" (2 Kor 5,20). Mit dieser Botschaft gehen wir in einer orientierungslosen Zeit in die Lebenswelten junger Menschen hinein. Dazu sehe ich im Augenblick vier Schwerpunkte:

1. Orientierende Persönlichkeiten
2. Nischen und Szenenbildung
3. Gut organisieren – gut orientieren
4. Verheißungsorientiert leben, reden, handeln.

1. Orientierende Persönlichkeiten

Orientierende Persönlichkeiten brauchen wir, damit junge Menschen:

* Sinn, Erfüllung, Orientierung und Vertrauen zu Jesus Christus finden
* Vertrauen in ihre Gaben und Möglichkeiten entdecken und damit die Wertschätzung erfahren, die sie nötig brauchen
* erleben, daß ihnen etwas zugetraut und deutlich wird, daß sie in unseren CVJM und in der Gesellschaft gebraucht werden
* an eine Zukunft glauben, die nicht zerstörbar ist, sondern Hoffnung auf das Reich Gottes setzt;
* eine innere Heilung durch den Glauben an Jesus Christus erfahren
* zur evangelistischen Verkündigung befähigt werden
* Lobbyisten für andere junge Menschen werden, auch gegenüber diesem Staat mit seinen Streichungen bei Landesjugendplänen und Jugendsozialhilfeleistungen.

Das, was junge Leute tun, soll ihnen auch Spaß machen. Sie suchen Anerkennung, Wertschätzung, Akzeptanz. Aber auch Lebensfreude, Humor, Lockerheit, spielerisches Einüben von Fertigkeiten, Selbstbewußtsein gewinnen, Persönlichkeiten werden, gehören dazu, weil es Jugendlichen Freude macht, ernst genommen zu werden.

Diese Variante von Spaß am Engagement zieht sich wie ein roter Faden durch eine Reihe von Porträts in der Shell-Studie „Jugend '97", gerade in den Porträts über die Mitarbeit in kirchlicher Jugendarbeit und CVJM. Wertschätzung, Erfolgserlebnisse, befriedigende Lernerfahrungen stimulieren zu weiterem Engagement. Dazu braucht man den Durchblick, überschaubare Bereiche, pädagogische, psychologische und theologische Grundkenntnisse, Freiräume, Nischen für eigene Kreativität, Inspiration von einem „dritten Ort", der nicht in den eigenen Möglichkeiten, auch nicht in der bisherigen Gemeinde oder dem Verein liegt.

Orientierende Persönlichkeiten sind Menschen, die ihre Fahne nicht ständig in den Wind hängen, sondern sich vorwagen, die ihre eigene Orientierung in Jesus Christus gefunden haben. Funktionäre sind out, authentische Persönlichkeiten sind gefragt. Ganz normale Christenmenschen sind in unserer Welt Träger des Evangeliums.

2. Nischen und Szenenbildung

Wir brauchen Freiräume, damit sich ein soziales und religiöses Zugehörigkeitsgefühl entwickeln kann, auch wenn wir das nicht sofort für unsere Organisation verbuchen können. Solche Freiräume machen auch Ärger. Fragen wir uns ruhig, ob das unsere CVJM-Arbeit ist oder nicht. Wenn wir die Räume zur Verfügung stellen, dann wollen wir auch sagen, was geht und was nicht geht.

Aber es bedeutet auch, daß junge Menschen ihre Grenzen abtasten müssen. Und trotzdem: Wir müssen ihnen Mitsprache einräumen zur Mitgestaltung und ihnen die Möglichkeit bieten, Verantwortung einzuüben.

Gott tut etwas Erstaunliches, er gibt sein Wort an fehlerhafte Menschen. In ihnen ist er gegenwärtig. Nicht mehr sichtbar in Jesus Christus, sondern in der Gegenwart des Heiligen Geistes in Menschen: „Der Heilige Geist wird euch alles lehren und euch an alles erinnern, was ich euch gesagt habe" (Joh 14,26). Dies gilt für Haupt- und Ehrenamtliche. In unserer Zeit werden gerade die Ehrenamtlichen mehr als bisher die eigentlichen Träger von Christi Botschaft in einer säkularen Welt sein. Ehrliche Zeugen des Evangeliums sind die eigentlichen Träger des Glaubens. Deshalb brauchen wir Christen, die andere Menschen zu Jesus führen können und den dafür erforderlichen Rahmen anzubieten wissen.

Wenn wir die Situation der Gemeinden im Neuen Testament genau anschauen, entdecken wir, daß auch sie als Minderheit in der damaligen religiösen Vielfalt leben mußten. Es gab in ihrem Umfeld jede Menge anderer religiöser Pratiken. So ähnlich, wie wir das heute erleben. Kirche Jesu Christi sind damals wie heute Menschen, die im Alltag, auf den Märkten, in Waschhäusern, auf Galeeren und in Hafenkneipen, in Banken, Kaufhäusern oder den Medien Jesus Christus bekennen.

3. Gut organisieren – gut orientieren

Wir haben unsere Jahresprogramme und laden junge Menschen in unsere Vereins- und Gemeindehäuser zu unseren Veranstaltungen ein. Gut so, aber besser wäre es, wir würden uns in die Lebenswelten der jungen Leute begeben.
Wir wollen doch keine neuen Kathedralen bauen, sondern Zelte, die man abbrechen und an anderer Stelle schnell wieder aufbauen kann. Wir müssen schneller reagieren können. Trends dürfen wir nicht nur erkennen, sondern müssen ihnen begegnen und sie in Projekten, Aktionen und Events umsetzen, die dann aber auch nicht zur Dauereinrichtung werden dürfen. Abschottung und Besitzstandswahrung ist in der Jugendarbeit tödlich. Die Methode ist noch nicht das Evangelium, die Organisationsform noch nicht die Wirkung des Heiligen Geistes. Durch Umstrukturierung allein kommt keiner zum Glauben.
Wir wollen ernst machen mit dem Satz: „Ich lebe, doch nun nicht ich, sondern Christus lebt in mir. Denn was ich jetzt lebe im Fleisch, das lebe ich im Glauben an den Sohn Gottes, der mich geliebt hat und sich selbst für mich dahingegeben" (Gal 2,20).

4. Verheißungsorientiert leben, reden, handeln

Entscheidend ist, woran ich mich orientiere, auf was ich schaue, wo meine Ziele liegen. Schauen wir nur rückwärts auf das, was mal war und was heute alles nicht mehr geht, oder orientieren wir uns an der Zukunft? Deshalb sind nicht die Formen oder Methoden der missionarischen Jugendarbeit ausschlaggebend, sondern Jesus Christus. Unsere Arbeitsweise muß sich ändern, Jesus Christus bleibt. Wir orientieren uns daran, was Jesus uns verheißen hat:

* In meines Vaters Haus sind viele Wohnungen (Joh 14,2)
* Gehet hin (auch in die Lebenswelten Jugendlicher) (Mt 28,19)
* Denn siehe, ich bin bei euch alle Tage (Jesus hat sich nicht nur einige Spitzentage herausgesucht) (Mt 28,20)
* Wer euch hört, hört mich (und das nicht nur, wenn du im Jugendkreis eine Andacht hältst) (Lk 10,16)
* Und Paulus schreibt: Der Geist selbst gibt Zeugnis unserm Geist, daß wir Gottes Kinder sind (Röm 8,16)

Das wird der springende Punkt sein und bleiben:

* ob wir uns an Jesus und seinen Verheißungen orientieren, ihm das zutrauen, daß er durch unser Leben, durch unser Reden zu anderen Menschen kommt, d. h. „inkarnatorisch" leben;
* ob ich persönlich glaube, daß Jesus mein Herr und Heiland ist.

  Das bedeutet allerdings, aus einem allgemein religiösen Reden herauszukommen und Jesus zu bezeugen. Dabei ist es gleichgültig, wo ich bin, ob im Jugendkreis, in einer Band, im Bistro oder am Arbeitsplatz. „Denn wenn man von Herzen glaubt, so wird man gerecht; und wenn man mit dem Munde bekennt, so wird man gerettet" (Röm 10,10). Einige Beispiel seien hier genannt:
* Ten Sing läßt ganz unterschiedliche Formen von Jugendkultur zu. Hier können Teenager ihre Begabung und Möglichkeiten kreativ einbringen. Organisationsteam, Musikteam, Drama – künstlerischer Ausdruck in darstellenden Formen. Freiräume für Mitsprache sind vorhanden. Die jungen Christen bringen ihre Glaubensüberzeugung mit ein. Verkündigung geschieht nicht in erster Linie durch Show und Konzert nach außen. Sie geschieht nach innen: Kreative Andachten und ein missionarischer Prozeß in der Gruppe sind wichtig. Jugendliche kom-

men mit ihrer (Musik-)Kultur vor, das Zeugnis von Christus kommt in diese Kultur hinein.

* Zur bestehenden Bläser- und Chorarbeit kommen ergänzend musikalische Formen:
  - Bands mit unterschiedlichen Musikstilen (Rap oder Hip-Hop)
  - Gospel und jüngere Jugendchöre
  - Musicals
  - Musikalische Mitmach-Projekte wie „Felsenfest“ oder „Folgen“
* Zu bestehenden Jugend-, Junge-Erwachsenen-Gruppen und Hauskreisen kommen Kreativgruppen:
  - Breakdance
  - Ausdruckstanz
  - Jongliergruppen
  - Pantomimegruppen
  - Schauspielgruppen
* Zur bestehenden Eichenkreuzarbeit kommen sportliche Interessengruppen:
  - Squash
  - Inlineskater
  - Snowboarder
  - Schlittschuhcliquen
  - Mountainbikegruppen
  - Sportmissionarische Kurzfreizeiten
  - Streetball
* Missionarische Jugend- und Junge-Erwachsenen-Wochen
  - missionarische Verkündigungswochen mit evangelistischer Predigt. Ich persönlich mache nach wie vor die Erfahrung, daß durch vollmächtige Predigt Menschen zum Glauben an Jesus Christus kommen. Die evangelistische Predigt ist nicht out. Sie proklamiert das Angebot des Heils in Jesus Christus. Sie spricht den Ruf zur Umkehr jetzt und hier aus. Sie schafft Möglichkeiten, daß Bekehrung jetzt geschieht.
  - Jugendwochen in der Form von Workshops

* Evangelistische Kreativwochen
  Hier können alle oben aufgeführten Möglichkeiten eingefügt werden. Es muß vorher entschieden werden, ob über die persönliche Bezeugung des Glaubens verkündigt wird oder über eine Ansprache. Dann müssen die Abende unterschiedlich strukturiert sein.
* Festivals mit viel Musikprogramm
* Glaubenskurse mit missionarischer Grundstruktur
* Satelliten-Projekte wie ProChrist und JesusHouse
* Einzelaktionen oder Projekte
  - Musikalischer Sommernachtstraum
  - Computer- oder Internetclubs
  - eine Eishalle für eine Nacht mieten
  - Nachts – da wird gelebt: szenenorientierte Veranstaltungen
  - Basketballturnier um Mitternacht
  - Kletterwand
  - Jugendgottesdienste, in denen Beteiligung von Jugendlichen in Vorbereitung und Durchführung möglich ist

Diese Auflistung ist natürlich unvollständig. Aber alle Ideen, Formen, Aktionen, Projekte in der missionarischen Jugendarbeit haben das eine Ziel: Menschen sollen zum Glauben an Jesus Christus kommen. Glauben weckende Verkündigung, ob durch Lieder, Gespräche oder Predigten, will den Menschen das Evangelium so zusprechen, daß sie sich dem Heil in Jesus jetzt öffnen und allein von ihm Vergebung, ewiges Leben, Sinn und Geborgenheit erwarten. Hier spricht man nicht über Jesus, sondern hier wird die Gegenwart Jesu zugesprochen. Diese glaubenweckende Verkündigung ist nicht an Ämter, Personen oder Methoden gebunden, sondern sie geschieht durch den auferstandenen, im Heiligen Geist gegenwärtigen Jesus Christus.

Dort, wo wir im CVJM in diesem Sinn verheißungsorientiert glauben, denken, leben, reden, werden junge Menschen mit Lebensmut und Hoffnung in unserem CVJM sein.

***Manfred Bletgen**, Jahrgang 1940, geboren und aufgewachsen in Duisburg-Meiderich, verheiratet, erlebte auf einer Jugendfreizeit des CVJM die entscheidende Begegnung mit Jesus Christus, Ausbildung zum hauptamtlichen Dienst in der Evangelistenschule Johanneum in Wuppertal, von 1971 - 1976 Jugendreferent in Stuttgart-Möhringen, danach Landesjugendreferent mit dem Schwerpunkt Jugendevangelisation im Evangelischen Jugendwerk Württemberg, ist seit 1996 Studienleiter der Tagungsstätte Bernhäuser Forst.*

Zum Weiterdenken

Vier Schritte in die Lebenswelten junger Menschen

1. Wir brauchen orientierende Persönlichkeiten.
   Orientierung geben – und woran orientieren wir uns? Welchen Einfluß haben wir überhaupt noch?

2. Wir sorgen für Nischen und Szenenbildung.
   Christliche Szenen – wie soll das gehen? Was muß sich ändern? Wieviel Anpassung muß sein / darf sein?

3. Wir organisieren und orientieren.
   Zelte statt Kathedralen – wie beweglich ist unsere Arbeit? Wie reagieren wir auf Veränderungen: Zügig? Zufällig? Zaghaft?

4. Wir leben, reden, handeln verheißungsorientiert.
Jesus beim Wort nehmen – welche drei Verheißungen machen mir Mut? Was bringt die Zukunft für unsere Arbeit: Rückschritt? Rückkehr? Rückschau?

5 Sag's uns so, daß wir's verstehen!

Das Besondere bei der Jugendevangelisation

Der Titel dieses Kapitels ist der Traum jedes Evangelisten. Wirklich. Wenn nämlich Hörer diese Aufforderung aussprechen, dann ist das Schwerste schon geschafft. Dann sind sie nämlich aufmerksam. Sie haben nicht nur ein bißchen Interesse bekundet. Sie haben auch nicht nur Spaß an der Musik oder den tollen Theaterszenen. Sie sind nicht nur von der Atmosphäre herzlicher Gastfreundschaft angetan. Sie wollen die Botschaft von Gott und von Jesus Christus verstehen.
Das ist der Hammer. Wenn dieser Punkt erreicht ist, sind die größten Hindernisse überwunden. Ich behaupte, daß es ziemlich einfach ist, einem interessierten Menschen das Evangelium darzustellen und auch zu begründen. Es ist bei jungen Menschen eher leichter als bei älteren. Die Jungen sind noch nicht mit betonmäßigen Vorurteilen verbarrikadiert.

Neugier wecken

Bei aller Evangelisation in unseren Breiten ist die erste Aufgabe, bei den immunisierten Zeitgenossen neugieriges Interesse zu wecken. Immunisiert? Ja, die Menschen in unserer Zeit sind mit Christentum geimpft, so daß sie gegen das Evangelium unempfindlich zu sein scheinen. Viele wissen wenig über die Botschaft der Bibel, aber sie haben irgendwie den Eindruck: „Das ist kalter Kaffee, Schnee von gestern, völlig unwissenschaftlich, und überhaupt hat das Christentum schon viel Mist in der Geschichte gebaut."
Bei jungen Leuten kommt noch dazu, daß sie das Christentum eng mit ihrem Todfeind im Bunde sehen, nämlich der Langeweile. Gottesdienste, Predigten, Orgel, Konfirmandenunterricht haben ihren Teil dazu beigetragen, um dieses Vorurteil zu zementieren.

Ob die Vorurteile berechtigt sind oder nicht, darüber brauchen wir gar nicht zu streiten. Wenn sie vorhanden sind, bilden sie eine Blockade für die Verkündigung. Wer so denkt oder fühlt, der fordert nicht heißhungrig: „Sag's uns so, daß wir's verstehen!"
Mit diesem Problem haben wir es bei allen Altersschichten zu tun. Uninteressierte werden allein durch das Altern nicht interessierter. In der Regel verhärten sie. Was ist das Besondere bei der Jugendevangelisation? Wir müssen uns überlegen, wie wir die Neugier junger Leute wecken können.

Mehr als Gags

Die missionarische Jugendarbeit „Young Life" in den USA hat u.a. den Grundsatz „Das Recht erwerben, gehört zu werden". Das ist keine amerikanische Erfindung, sondern der uralte und brandaktuelle Grundsatz jeder wirksamen missionarischen Jugendarbeit. Es geht nicht um rhetorische Tricks und tolle Gags in jugendevangelistischen Veranstaltungen, es geht zuerst um Kontakte und Beziehungen, in denen junge Leute spüren: Der interessiert sich wirklich für mich.
Jede evangelistische Verkündigung braucht einen Lebenszusammenhang, in dem junge Christen gewinnende Kontakte zu noch nicht an Jesus glaubenden jungen Leuten schließen. Wenn das nicht passiert, kommt ja überhaupt kein Jugendlicher in die evangelistischen Veranstaltungen – egal, ob es ein Konzert, ein Offener Abend, eine Jugendwoche oder ein Glaubenskurs ist.
Und selbst wenn diese Vorarbeit geschehen ist, stecken die Leute immer noch voller Vorurteile, wie ich sie vorhin geschildert habe. Wenn ich also stinklangweilig anfange, habe ich die Chance schneller verspielt, als jemand anderes vorher die Bereitschaft zum Zuhören gewonnen hat.
Das ist der Platz für die phantasievolle Gestaltung eines Verkündigungsprogramms. Es gibt heute so viele Begabungen, die dafür eingesetzt werden können: Musik, Theater, Pantomime,

Saalspiele, Multimedia. Das alles gehört zur Unterhaltung. Ob es uns schmeckt oder nicht, die Leute suchen Unterhaltung.
Ich sehe im Geist die bedenkenschweren Gesichter, die das Evangelium zu einemUnterhaltungsgag verkommen sehen. Die Gefahr existiert tatsächlich. Also aufgepaßt! Die Antwort kann allerdings nicht darin bestehen, daß wir die Langweile zum Erkennungszeichen des Evangeliums machen.
Entscheidend ist, ob die Zeugen die Wahrheit sagen, ob ihre Botschaft echt ist und ob sie selbst echt sind. Und dann kommt es darauf an, daß die ideenreiche Gestaltung der Verkündigung aus dem Motiv der Liebe kommt und nicht aus Geltungssucht und Eitelkeit. Das ist eine heikle Sache: Geht es mir wirklich darum, daß ich die Menschen für Jesus gewinnen will oder möchte ich gefallen? Da prüfe jeder seine Motive!
Evangelisation geschieht in der Spannung zwischen zwei Polen. Der eine ist 1.Korinther 9,22: „Ich bin allen alles geworden, damit ich auf alle Weise einige rette." Der andere ist Galater 1,9-10 (übrigens beide Worte vom gleichen Paulus!): „Wenn jemand euch ein Evangelium predigt, anders als ihr es empfangen habt, der sei verflucht. Predige ich denn jetzt Menschen oder Gott zuliebe? Oder suche ich Menschen gefällig zu sein? Wenn ich noch Menschen gefällig wäre, so wäre ich Christi Knecht nicht."

Klartext reden

Bevor wir uns darüber Gedanken machen, wie wir jungen Leuten das Evangelium sagen wollen, müssen wir glasklar wissen, was wir überhaupt sagen sollen und wollen. Wenn der Inhalt dem Redner selber wirr und unklar ist, hilft es auch nicht, wenn er eine interessante Beispielgeschichte zur Verdeutlichung gebraucht.
Der Kern des Evangeliums ist Jesus Christus selbst. Wir stellen ihn vor und laden ein, ihm zu vertrauen und zu folgen. War-

um? Weil Gott ihn geschickt hat. Gott selbst ist in der Person von Jesus Mensch geworden. Warum? Weil er uns liebt und nicht will, daß wir vor die Hunde gehen. Gott hat uns geschaffen. Wir sollten eigentlich in einer schöpferischen Gemeinschaft mit dem Schöpfer leben. Wir haben diese Beziehung besserwisserisch aufgekündigt. Wir wollen auf eigene Faust leben. Getrennt von Gott aber gehen wir zugrunde. Dabei spielt es keine Rolle, ob wir unser Leben religiös oder atheistisch, moralisch oder unmoralisch gestalten. Man kann mit dem Auto oder mit dem Fahrrad in die falsche Richtung fahren. Das ist ein relativer Unterschied, aber die Verschiedenheit der Fahrzeuge ändert nichts daran, daß die Richtung falsch ist.

Gott liebt uns so sehr, daß er uns nachläuft. Er geht bis an den tiefsten Punkt, an den ein Mensch je kommen kann, bis in die Hölle der Gottverlassenheit. Am Kreuz hat Jesus, der Herr der Welt, unser Lebensschicksal und unseren Tod übernommen. Er geht dahin, damit wir nie mehr dahin kommen müssen. Er tauscht mit uns.

Gott hat den gekreuzigten Jesus am Ostermorgen auferweckt. Damit hat er ihn bestätigt als die Schlüsselfigur. Durch Jesus allein geht die Tür zu Gott, dem Schöpfer, und damit die Tür zum gelingenden Leben auf.

Darum laden wir zur Umkehr ein. Jeder, der Jesus vertraut und sich im Gebet für seine Liebe bedankt, gehört zu Jesus. Er wird sein Freund, Nachfolger und Schüler. Dadurch ist er Gottes Kind. Das Trennende wird durch die Vergebung der Sünden weggenommen.

Mit einem einfachen Gebet kann so ein Lebensweg in der Nachfolge von Jesus Christus beginnen. Wir müssen den Weg nicht allein gehen. Wir sind ergänzungsbedürftig und ergänzungsfähig. Jeder Christ ist deshalb organisch mit den anderen Jesus-Nachfolgern verbunden. Die Bibel nennt diesen organischen Zusammenhang den Leib des Jesus Christus. Jeder ist darin ein Körperteil, das die anderen braucht.

Wenn die Gemeinschaft innerhalb des Körpers funktioniert, kann der Körper hilfreiche Dienste für andere tun. Gott will uns als seine Mitarbeiter einsetzen. Auch diese Information gehört zu der guten Nachricht, die wir den Menschen zu bringen haben.
Was heißt eigentlich gelingendes Leben? Kann da nicht jeder was anderes drunter verstehen? Schon. Aber aus der Sicht des Schöpfers hat unser Leben einen von ihm gegebenen Sinn. Wenn wir nicht nach dem Willen Gottes fragen, werden wir spätestens im Gericht Gottes feststellen, daß wir unser Leben vertan haben. Wir sind verloren, weil wir in Ewigkeit von Gott getrennt sind. Es ist lebensrettend, das zu begreifen, solange Gott noch Gelegenheit zur Umkehr gibt.

Geburtshilfe

Zur Überbringung der Einladung Gottes gehört nicht nur die klare Information über Gott und unser Leben. Es ist auch praktische Hilfestellung zum Neuanfang nötig.
Wenn einer Einwände oder Zweifel hat, werde ich geduldig mit ihm diskutieren. Wenn aber jemand das Angebot Gottes verstanden hat und annehmen möchte, muß ich ihm praktische Hilfe anbieten.
Das ist wie im natürlichen Leben. Nach Zeugung und Empfängnis kommt die Zeit der Schwangerschaft, dann die Geburt und danach das weitere Wachstum und die Erziehung. Das ist insgesamt ein Wachstumsprozeß. In diesem Prozeß ist die Geburt ein bestimmtes Geschehen, das besondere Aufmerksamkeit verdient. In der Stunde der Geburt ist die Hebamme dran, noch nicht der Lehrer.
Wie sieht denn die Geburtshilfe für das neue Leben mit Gott aus? Sie kann in einem gemeinsamen Anfangsgebet nach einem Gespräch oder am Schluß einer Veranstaltung bestehen. Oft vollzieht sich die Umkehr in einem vertraulichen Beichtge-

spräch mit dem Zuspruch der Vergebung der Sünden im Namen von Jesus Christus.
Der Anfang kann auch ohne Beisein eines Zeugen geschehen. Aber niemand muß allein bleiben, wenn Gott ihm Geschwister als Hilfe zur Seite gestellt hat. Mir geht es nicht darum, einen bestimmten Weg festzulegen. Wir müssen aber darauf achten, daß wir den geistlichen Hebammendienst überhaupt anbieten. Angebot heißt ja nicht Zwang, der dem anderen keinen Ausweg läßt. Im Angebot beschreibe ich eine Möglichkeit, die der andere nutzen kann oder nicht. Ich werde die Ablehnung respektieren, aber ich bin zur Hilfe bereit.
Junge Leute – und nicht nur sie – haben ein Recht darauf, klipp und klar zu erfahren, was Gottes Angebot ist und wie sie es für sich in Anspruch nehmen können. Erst wenn es ihnen deutlich gesagt wurde, können sie annehmen oder ablehnen. Niemand sollte unterstellen, daß junge Leute für das Evangelium nicht offen sind, wenn niemand mit ihnen Klartext gesprochen und gegebenenfalls Geburtshilfe angeboten hat.

Einen Prospekt aufschlagen

Vor einiger Zeit bedankte sich jemand bei mir, daß ich so evangelistisch gepredigt hätte. Ich war verdutzt, denn ich hatte ausschließlich über die Gestaltung des Christenlebens an Hand eines Paulustextes gesprochen. Es waren auch nur Christen anwesend. Ich hatte gar keine Veranlassung, für Menschen zu sprechen, die noch nicht an Jesus glauben. Ich hatte also gar nicht evangelistisch gesprochen.
Die dankbare Person meinte etwas ganz anderes als evangelistisch. Sie bedankte sich dafür, daß ich ihr das Zuhören leicht gemacht hatte. Sie hatte die Predigtweise als spannend empfunden. Darum hatte ich mich auch bemüht.
Evangelisation bezeichnet aber nicht eine Redeweise, sondern einen Inhalt. Evangelistisch redet jemand, wenn er das Evange-

lium für noch nicht Glaubende sagt. Meistens richtet sich die Verkündigung ja an Christen. Das muß so sein, damit das Wachstum gefördert wird.
In der evangelistischen Verkündigung muß ganz elementar die Grundlage des Glaubens an Jesus erklärt und die Einladung angeboten werden. Sicher, es gehört auch eine kurze Beschreibung dazu, wie das Leben in der Nachfolge des Jesus Christus aussieht. Also werde ich wie in einem Prospekt die Gemeinschaft der Christen und den Dienst kurz skizzieren. Das wird später in der weiterführenden Verkündigung immer wieder ausführlich und vertiefend geschehen. In der Evangelisation aber überreichen wir sozusagen nur einen Prospekt, der einen Überblick gibt. Man muß schließlich wissen, worauf man sich einläßt.

Sie hören mit den Augen

Nach allem, was bisher gesagt wurde, muß jetzt noch eine Selbstverständlichkeit dick unterstrichen werden. Sie gilt heute nicht nur für junge Leute: Wir hören auch mit den Augen. Das heißt: Anschaulichkeit ist oberstes Gebot. Das Fernsehen hat uns noch stärker als frühere Generationen auf das sichtbare Erleben fixiert.
Anschaulichkeit entspricht aber auch dem Evangelium. Das besteht nämlich nicht aus blassen Gedanken. Gottes Taten, das Leben, Reden, Leiden, Sterben und Auferstehen Jesu sind die Mitte. Also müssen Geschichten von Jesus erzählt werden. Die Bibel ist voller Geschichten aus Gottes Geschichte mit der Welt. Auch das Christsein besteht nicht aus Gedanken. Was ich mit Jesus erlebe, kann ich erzählen. Echte Erlebnisberichte sind sehr hilfreich. Die sind nicht zum Nachmachen gedacht. Gott hat mit jedem Menschen eine besondere Geschichte. Aber Erlebnisberichte von Augen- und Ohrenzeugen helfen entscheidend zur Wahrheitsfindung. Ein gestotterter, aber ehrli-

cher Erlebnisbericht kann wesentlich hilfreicher sein als eine geschliffene Rede voll tiefsinniger Theorie.
Damit bin ich wieder beim Einstieg. Echte Erlebnisberichte wecken Interesse und Neugier. Sie schmecken nach echtem Leben. Und danach haben junge Leute einen Riesenhunger.

Ulrich Parzany*, Jahrgang 1941, verheiratet, drei Kinder, lebt in Kassel, bis 1961 ehrenamtlicher Mitarbeiter des Weigle-Hauses in Essen und wesentlich durch Jugendpfarrer Wilhelm Busch geprägt, Theologiestudium und Mitarbeit in der Studentenmission in Deutschland, Vikariat in der Ev.-luth. Kirche von Jordanien, durch die Begegnung mit dem Islam Prägung zur weltmissionarischen Arbeit, 1967 - 1984 Jugendpfarrer des Weigle-Hauses in Essen. Er ist seit 1984 Generalsekretär des CVJM-Gesamtverbandes in Deutschland. Vorsitzender der Lausanner Bewegung in Europa, Vorsitzender und Hauptredner bei „ProChrist".*

Zum Weiterdenken

* Neugier wecken
Was weckt die Neugier Jugendlicher?

* Mehr als Gags
Wie können wir das „Recht erwerben, gehört zu werden?"

* Klartext reden
Wie können wir einfach aber treffend zu Jesus Christus einladen?

* Geburtshilfe
Wie können wir jungen Menschen helfen, ein Leben mit Jesus Christus zu beginnen?

* Einen Prospekt aufschlagen
Das Evangelium im Überblick – was muß alles gesagt werden?

* Sie hören mit den Augen
Welche Glaubenserfahrungen sind auch für diejenigen verständlich, die noch nicht glauben?

6 Trendsurfen in der missionarischen Jugendarbeit

Mit dem Trend, gegen den Trend, ohne den Trend?

Fußball als Veranschaulichung

Im Zusammenhang mit dieser Frage fällt mir als Fußballfan, man möge es mir verzeihen, immer wieder das Geschehen auf dem Spielfeld ein, wo sich Sportlerinnen und Sportler ja völlig verschieden verhalten. In einem Team gibt es alle Typen: den Mitläufer, der sich nur dem Niveau der Mannschaft anpaßt; die Ungestüme, die sich überhastet ständig ins „offside" stürzt; den Meckerer, der das miese Spiel seiner Mitspieler nicht mit ansehen mag und sich deshalb „outside" orientiert – aber es gibt auch die Spielmacherin, die dem Match ihren Stempel aufdrückt, die die anderen mitreißt, die den Weg weist von der Verliererstraße Richtung Sieg.

Wenn wir von missionarischer Jugendarbeit sprechen, dann sprechen wir unbestritten immer von einem klaren Profil. Missionarisch sein können nur die, die eine eigene Message haben. Es geht um unser Anderssein, das andere gewinnen will.

Wie können Christenmenschen anders sein als viele andere im Spiel des Lebens? Indem sie weder müde mitlaufen, abgehoben ins Abseits rasen, noch motzkimäßig alles miesmachen, sondern indem sie mitten in der Welt mitmischen als motivierende Spielmacher. Das ist die Gestalt des Gedankens, anders zu sein.

Worin können sich Christenmenschen unterscheiden von allen anderen im Spiel des Lebens? Daß sie nicht länger eigensinnig, sondern gebunden an Jesus Christus ihren Lebenspart spielen, sich Gott und dessen Geboten verantwortlich wissen und deshalb sich ihren Mitmenschen und deren tiefsten Bedürfnissen verpflichtet fühlen. Das ist der Gehalt des Gedankens, anders zu sein.

Noch einmal: Spielmacher sind formal voll angepaßt. Sie bewegen sich auf dem Boden, auf dem sich alle bewegen. Sie tragen das Trikot, das alle tragen. Sie kicken mit der „Kirsche", mit der alle kicken. – Was Spielmacher allerdings unterscheidet, ist, daß sie die gegebenen Formen anders als die anderen ausfüllen.
Auf diese etwas plakative Weise plädiere ich also für folgendes Programm: Ohne den Trend stünden wir ohnmächtig „outside". Gegen den Trend orientierten wir uns arrogant „offside". Nur mit dem Trend können wir „inside" leben und so die Zeitgenossen interessieren und inspirieren mit unseren Inhalten, mit dem einen Inhalt schlechthin: Jesus Christus.

Das göttliche Vorbild: Freiheit und Bindung

Es gehört zum Geheimnis Gottes, daß er freilich der Formen und Trends nicht bedarf, um Menschen zu berühren, zu berufen und zu bewegen. Seine Souveränität habe ich kennengelernt beispielsweise bei einem Mitkonfirmanden, der, wider alle Weisheiten des gewinnenden Werbens, verändert wurde durch das vermeintlich vorsintflutliche Vokabular von Luthers Katechismus. Gottes Freiheit von allen Formen habe ich beispielsweise ahnen gelernt bei der Geschichte eines „Grufties", der nicht durch eine Szene-Evangelisation, sondern ausgerechnet durch die Begleitung von Gemeinschafts-Leuten zum Glauben gefunden hat. Das gehört zum Geheimnis Gottes.
Es gehört aber ebenso zum Geheimnis Gottes, daß er sich hineingibt in das Feld dieser Welt, daß er sich „hineinbindet" in die Gegebenheiten seiner Geschöpfe. Gott wird Mensch, um so den Menschen nahe zu kommen und sie zu sich heimzubringen. Jesus lebt mit den Menschen, feiert und leidet mit ihnen, um ihnen so den verändernden Willen Gottes vermitteln zu können. Er veranstaltet nicht einen Gottesdienst nach eigenem „Gusto", sondern er geht in die Synagoge. Er erfindet

keine eigenen Feste, sondern nimmt teil an den Festen der Leute. Er entwickelt keine eigene Sprache, sondern spricht die Sprache der Leute. Er predigt nicht mit pathetischen Phrasen, sondern benutzt Bilder, die die Leute begreifen können.
Er verwendet die vorfindbaren Formen, er teilt die herkömmlichen Trends, um etwas mitzuteilen, das ganz neu und ganz anders ist als alles bisher Dagewesene. Insofern ist Jesus „trendy“ und „Trendsetter“ zugleich.

Dem Vorbild folgen

Als Menschen, die mit Jesus leben und die Mitarbeitende in seiner Spur sind, steht es uns gut an, in der gleichen Weise heute zu fragen, welche Trends dran sind und wie wir diese Trends um der Zeitgenossen willen aufnehmen können, um dann in der Rezeption zugleich Trendsetter, also Geber von inhaltlich ganz neuen Impulsen zu sein.

Wer ist „die Jugend“?

Wer freilich sind überhaupt unsere Zeitgenossen? Wie läßt sich insbesondere „Jugend“ heute definieren? Kann man angesichts der Fülle von Trends überhaupt einen prinzipiellen Trend erkennen? Zu einer ersten Orientierung hat mir ein Aufsatz von Douglas Kellner geholfen. Kellner ist Professor für Philosophie mit den Schwerpunkten Medienkultur und postmoderne Theorie an der Universität Austin/Texas und hat sich mit der „Jugend im Abenteuer Postmoderne“ beschäftigt. Gibt es ein gemeinsames Identifikationsmerkmal der Jugend? Kellner weiß einerseits, daß das Alltagsleben Jugendlicher geprägt ist „von der Auflösung der Familien, steigendem Kindesmißbrauch, häuslichen Auseinandersetzungen, Drogen- und Alkoholmißbrauch, sexuell übertragbaren Krankheiten, mangelhafter Schulbildung, sprunghaft ansteigenden Kriminalitätsraten und massiven staatlichen Kürzungen" (S. 70).[14] Andererseits relativiert er diese allzu pessimistische soziologische Einschätzung: „Die Jugend der Gegenwart ist jene Generation der Weltgeschichte, die die bislang beste Ausbildung vorzuweisen hat. Es ist die technisch versierteste, vielfältigste und multikulturellste Generation überhaupt" (S. 71). Die postmoderne „Generation X", die Nachfolgegeneration der Boomer, ist insofern zu lokalisieren irgendwo zwischen dem abwertenden Bild, sie sei unpolitisch, ungebildet, unbelesen und unkonzentriert und dem hoffnungsvollen Image, man finde in ihr nicht wenige auch solcher, die politisch interessiert, beruflich ambitioniert und insbesondere massenmedial und informationstechnologisch talentiert sind. „Nachdem wir der Generation vor uns zusahen, wie sie sich von Hippies zu Yuppies, zu New Age-Anhängern und Grundbesitzern verwandelte, haben wir nun das Gefühl, daß wir im Kielwasser der Baby-Boomer schwimmen und die wirtschaftliche und kulturelle Bürde tragen, die von finanziellen Krediten und sozialen Schulden lebt ... Wir haben nicht darum gebeten, mit diesem Erbe belastet zu werden, aber wir haben uns dafür entschieden, das beste daraus zu machen" (S. 348).

Was die vielfältigen Jugendkulturen vereint

1. Stil statt Wort

Eine solche vage Standortbestimmung der Jugend, eine solche prinzipielle Trendbeschreibung läßt uns nun in einem zweiten Schritt nach Gestalt und Gehalt von Jugendkultur fragen, die freilich nicht eine Kultur ist, sondern eine Fülle von Subkulturen umfaßt. Alle Subkulturen verbindet aber das, was Dick Hebdige, Dozent am Institute of the Arts in Kalifornien, für die Jugend Europas so beschreibt: „Die Musik steht immer noch an erster Stelle, gefolgt von der Mode. Dann kommt das Fernsehen, das für die Kids den Mittler, den Schlüssel darstellt, über

den sie in Erfahrung bringen können, was sich in den anderen westlichen Metropolen abspielt" (S. 15f). Und wohl den meisten Jugendkulturen eignet, wie es Ralf Vollbrecht, Dozent am Zentrum für Kindheits- und Jugendforschung der Universität Bielefeld, festgestellt hat, „die ästhetische Komponente", also „die Abkehr der Jugendlichen vom ‚Modell des soziologischen Diskurses' der kritischen Jugendbewegungen (68er Studentenbewegung), der sich durch spezifisches ‚Appell-Verhalten' auszeichnete", hin zum „‚Modell des ethnologischen Diskurses' mit einer Bedeutungsverlagerung zum ‚Ausdrucksverhalten'. Anstelle von Überzeugung, Kampf, Herausforderung und Weltveränderung, geht es nun um Selbstdarstellung mittels exzentrischer Ausdrucksweisen und Bricolagetechniken.... sowie um Verunsicherung durch Regelverletzungen, beispielsweise beim Gestus des Unbeteiligtseins" (S. 25f).
Es geht also in nahezu allen verschiedenen Subkulturen der einen Jugendkultur, verallgemeinernd zusammengefaßt, inhaltlich in erster Linie um den Selbstausdruck gegenüber dem bürgerlichen Establishment, allerdings nicht länger mit Hilfe verbaler Kommunikation, sondern mit Hilfe nonverbaler Darstellung des Stils, der sich in den Formen von Musik, Mode und Medien manifestiert.

2. Form vor Inhalt

Deutlich scheint, bei aller Vorsicht vor pauschalen Einschätzungen, eine Betonung der Form zu Ungunsten des Inhalts vorzuliegen. So notiert Martin Büsser bei der Beobachtung speziell von Techno und Punk den „inhaltslosen" Inhalt: „Sprachlosigkeit, Ausverkauf, Anpassung, Vergnügungssucht, Zugedröhntsein" (S. 81). Was Büsser bei Techno entdeckt: „... an der Love Parade können alle teilnehmen, weil am Ende der Sprache weder Möglichkeit noch Interesse an Unterscheidungen gegeben sind" (S. 86), entlarvt er als das alle Subkulturen und Trends verbindende Prinzip, nämlich daß „jugendliche

Pop-Kulturen vordergründig Stil-Phänomene sind und mit einer inhaltliche Auseinandersetzung wegrationalisierenden Gesellschaft völlig konform gehen“ (S. 87).

Ohne Inhalte keine Identitäten

Wenn aber Inhalte eine allenfalls nur noch untergeordnete Rolle spielen, so läßt sich zurecht fragen, inwieweit mit verschiedenen Trends in den verschiedenen Subkulturen wirklich noch Identitäten geschaffen werden. Eike Hebecker weist in diese Richtung: „Es existiert derzeit keine durchsetzungsfähige ‚Jugendbewegung‘, die sich in der Lage zeigt, eine klar sichtbare und stilistisch gefestigte Abgrenzung nach außen durchzuhalten ... Der moderne Jugendliche wählt den scheinbar leichteren Weg: heute dies, morgen das – meistens muß er dazu nicht einmal die Kleidung wechseln oder großartige Veränderungen in seinem CD-Bestand vornehmen ... Doch in Zeiten der Selbstfindung und des Anything goes darf es nicht verwundern, wenn gerade der Jugendliche zwischen den verschiedenen Lagern herumwankt und sich und andere nicht zur Ruhe kommen läßt“ (S. 91).

Ausnahmen bestätigen die Regel

Wenn wir von der mangelnden Möglichkeit der Schaffung von Identität in den Jugendkulturen reden, lassen wir folgerichtig jene Erscheinungen außer acht, die – sozusagen als Ausnahme von der Regel – ausdrücklich (abzulehnende) Inhalte transportieren und so zweifelsfrei (fragwürdige) Identitäten stiften. Als Beispiele seien die Bewegungen der „Hooligans“ und der „Skins“ genannt ebenso wie teilweise die Heavy-Metal-Kultur. Sie lassen sich alle grob zusammenzufassen in der Charakterisierung von Werner Helsper, Professor am Institut für Pädagogik der Universität Mainz. Zu den Jugendkulturen, „die mit

‚schweren Zeichen' operieren (gehörten): nationalsozialistische Embleme, Symbole der Allmacht, der Stärke und des Todes, des Grauens und des Bösen" (S. 117). Ebenso sollen die ‚Schwarzen' außer acht bleiben, deren Credo deutlich dem Satan oder jedenfalls dem Tod als einer übergeordneten Macht gilt, wie es Birgit Richard, Dozentin an der Universität Essen, nachweist (S. 129).
Zugegeben: Auch viele andere Trends sind ursprünglich nicht inhaltsleer gewesen. Aber mit der Zeit scheint sich doch bei vielen Kulturformen die Verpackung vom Inhalt gelöst zu haben. Insofern sind solche Trends eher dazu prädestiniert, aufgenommen und mit einem, mit dem neuen Inhalt gefüllt zu werden. Dies sei an einigen Beispielen verdeutlicht.

Initiativen zur Schaffung einer neuen Identität

1. Vom HipHop zum HimmelHop

Natürlich hat auch der HipHop eine Geschichte, hat einen konkreten Anlaß gehabt und damit auch konkrete Inhalte transportiert. HipHop gehört zuerst zu New York und dann überhaupt zu den verwahrlosten Bezirken urbaner Zentren. Der Stil des HipHop ist in seinen Anfängen laut Tricia Rose, Dozentin für Afrikanische Studien an der Universität New York: „eine Kulturform afrikanischen Ursprungs, die innerhalb der kulturellen Vorgaben afro-amerikanischer und karibischer Geschichte, Identität und Gemeinschaft die Erfahrungen der Marginalisierung, brutal beschnittener Lebenschancen und realer Unterdrückung auf einen Nenner zu bringen versucht. Er ist geprägt durch die Spannung zwischen der Gebrochenheit, die das Ergebnis der Unterdrückung in der postindustriellen Gesellschaft ist, und der Ausdrucksstärke schwarzer Kultur, die ein Gefühl der Zusammengehörigkeit schafft" (S. 142).
Wenn Kids in Deutschland heute „happy" über HipHop sind, wenn sie in der Stadt und sogar auf dem Land auf die vielfälti-

gen Formen dieses Trends – wie zum Beispiel Graffiti, Breakdance oder Rap – „abfahren", dann identifizieren sie sich bestimmt nicht mehr mit der eigentlichen Situation und der ursprünglichen „message" der HipHopper in der South Bronx der 70er Jahre. Was sie dagegen „cool" finden, ist eine aus Sprache, Lied, Tanz und Darstellung kombinierte Kunstform. Wer sich hier „einklinkt", kommt überdies in den Genuß, zur „Crew", zu einem festen Verband, zu einer Art Familie gehören zu können.

HipHop ist eine der wichtigen Ausdrucksformen junger Zeitgenossen. Musikalische Formationen wie „Die Fantastischen Vier" oder der „Freundeskreis" haben die Charts gestürmt und geben den Ton an. Teens und Twens tummeln sich in diesem Trend.

Wollen wir die „kids on the streets" in den Zentren unserer Städte, aber auch die ganz normalen Mädchen und Jungs in unserem Umfeld erreichen, dann müssen wir auch die Sprache des HipHop lernen und sprechen. Dies würde Mauern wenigstens niedriger machen, über die wir mit unserer Message vom Menschensohn und Messias ja wollen.

Ich habe Mauern gesehen, die niedriger gemacht wurden. Ich habe jene Sprache gehört, die ein Schlüssel zu Menschenherzen wurde. Bei den Großen wie „World Wide Message Tribe" aus Manchester ebenso wie bei den weniger Namhaften wie „W4C", „Beatbetrieb" und „GMC". Ich habe gespürt, daß HipHop wirklich zum HimmelHop wurde, dadurch, daß junge Christen diese Form zu der ihren machten und sie neu prägten mit ihrem Glauben an Gott.

2. Vom „streetstyle" zum „team-spirit"

„Leben im Ghetto" und „Überleben im Großstadtdschungel" – das ist das prinzipielle Programm der Straßensportszene in den Citys. Wenn heute auch in Deutschland, auf dem Dorf ebenso wie in den Downtowns, Skater und Streetballer zuhauf die Straße zur Spielwiese machen, dann hat das auch nicht mehr

viel mit dem Original der „Outlaws“ und der Glorie der „Gangster“ zu tun.
Geblieben ist der Spaß am Sport auf der Straße. Sport um des Spaßes und nicht um des zählbaren Erfolgs willen. Spaß an Freiheit und Unverbindlichkeit im Unterschied zu den Verpflichtungen eines Vereins. „Respect“ der Mitspieler hat Vorrang vor zählbarem Erfolg. Ästhetik vor Ergebnis. Und: Es geht nicht um Körperkult, sondern um „coolness“. Die XL- und XXL-Streetwear signalisiert die Unwichtigkeit eines gestylten „body“. Dagegen dominieren nach Steffen Wenzel: „Identitätsbildungen, die sich an Coolness, Freiheit, Körperbeherrschung ..., Kraft, Härte und Selbstbehauptung orientieren“ (S. 186).
Wollen wir Weggenossen von solchen Wilden auf der Straße werden, dann müssen wir auch diese Sprache des Sports neu lernen und sprechen. Dadurch würden womöglich neue Wege dazu eröffnet, daß Jesus zum Stadt- und Straßengespräch wird. Das ist ja eine Binsenweisheit und überhaupt keine neue Idee. Im Essener Weigle-Haus haben sie zu Herbergers und Walters Zeiten auch schon gekickt, und das „Eichenkreuz“ erkannte immer weise die sportlichen „Zeichen der Zeit“.
Heute ist „Sportler ruft Sportler“ sportiven Jugendkulturen auf der Spur. Der Mut zu neuen Events wie Street-Sport-Evangelisationen gehört ebenso dazu wie die tollen Darbietungen von Trialfahrern, Tänzern und Turnern. Wenn Jesus auf diesem Weg zum Straßengespräch wird und damit ein neuer Inhalt Einzug hält, dann kann sich aus „streetstyle“ tatsächlich „teamspirit“ entwickeln. Dann können junge Leute lernen, daß Sport auch deshalb Spaß macht, weil einer vor allem für alle und alle vor allem für einen „springen“, „scoren“ und „skaten“.

Und tausend andere Trends ...

Das waren nur zwei Konkretionen von vielen möglichen und notwendigen Weisen, in der missionarischen Jugendarbeit auf der Trendwelle mitzusurfen. Noch einmal: Es gibt für mich keine Alternative, wir müssen mitsurfen. „A ship in a harbour is safe, but that's not what ships are built for. – Ein Schiff im Hafen ist zwar sicher, aber dazu ist es nicht gebaut worden." Christliche Jugendarbeiterinnen und -arbeiter fühlen sich zwar sicher in herkömmlichen Methoden, aber das ist nicht bleibend ihre Bestimmung. Sie müssen je neu raus und ran an die Trends: „Wenn wir es machen wie unsere Mütter und Väter, dann machen wir es nicht wie unsere Mütter und Väter."

1. „Come together by computer" – Initiative Internet

In einem süddeutschen Dorf, wo ich Pfarrer gewesen bin, sprach ich mit verschiedenen Alten über die Schwierigkeiten, die Jungen mit klassischen Programmen aus ihren Buden und von der Straße ins Gemeindehaus zu locken. Da meinten die vermeintlich verknöcherten Alten: „Na, dann machen Sie ein Internet-Café auf. Wenn Sie die Courage haben, dann helfen wir mit unserer Kohle." Nur ein weiteres Beispiel, das zeigt: Mit Billard und Tischfußball allein ist es nicht mehr getan.

2. Techno und „Taizé"

„Tausend andere Trends" bedeutet aber auch, daß es nicht nur die oben besprochenen und viele andere medienwirksame Äußerungen von Jugendkultur gibt wie „Kelly Family" und den neuen Kult um den Schlager. Wir müssen in unserer vielfältigen Arbeit auch der Tatsache Rechnung tragen, daß neben „Techno total" andere Bewegungen wie zum Beispiel „Taizé" mit einem neuen Interesse an Innerlichkeit und Meditation ihren Platz haben. Gerade „Taizé" zeigt uns auch die Grenzen eines allzu hektischen Trendsurfens auf und gibt Mut, neben den überall angepriesenen und anzuwendenden Arten der Arbeit wirklich auch formal völlig andere Wege zu gehen.

Vom Trend zum Talk – das Wort im Zentrum

1. „Attraction by trend"

In unseren verschiedenen missionarischen Jugendevents Württembergs nehmen wir immer eine Fülle von aktuellen Trends auf. Da erscheint ein Mitarbeiter im Outfit von Guildo Horn und trällert: „Piep, piep, piep, Guildo hat euch lieb..." Da treten junge Rapper auf mit einer Tanznummer, bei der's so richtig abgeht zwischen Nebelschwaden und brennenden Mülleimern. Da brilliert eine Beatband im Stile einer „boygroup". Da bringt ein Jongleur die jungen Leute zum Jubeln. Da läßt eine Mitarbeiterin mit ihrem Ausdruckstanz die Teenies staunen.

Daß nicht jeder Trend wertfrei und inhaltsleer ist, haben wir angedeutet. Daß viele Trends auch manche fragwürdigen Identitäten mit sich führen, wissen wir zweifelsfrei. Aber gerade deshalb surfen wir auf der Welle und präsentieren diese Trends, um die Jungen überhaupt erst einmal abzuholen aus ihrer Erlebniswelt und damit aufmerksam zu machen – damit wir sie hinführen können zum Zentrum und zum Ziel: zum Wort von Jesus Christus.

2. „Let's talk about Jesus"

Ohne die Kundgabe des Wortes, an das sich Gott in seinem Sohn zeitlos gebunden hat, ist alles Trendsurfen nichts, wären wir in unserer formalen Anpassung nur „ein tönendes Erz und eine klingende Schelle" (1 Kor 13,1). Unverwechselbar wird alles nur durch das unerläßliche Wort.

Wenn der Mitarbeiter „Piep, piep, piep..." zwitschert, dann piepen alle begeistert mit, hören aber genauso nachdenklich zu, wenn dieser „trash-message" entgegengehalten wird, daß zweifelsfreie Zuneigung nur der eine, nur der Christus Jesus zu zeigen imstande ist.

Wir haben die bewegende Erfahrung gemacht, daß bei der Präsentation von Trends „die Post abging" und deshalb bei der

Predigt des Wortes eine total gespannte Stille herrschte und daß die Predigt des Wortes dann ihrerseits die Themen mancher Trends auch in Frage stellen und kritisieren konnte.
Ich erinnere mich deutlich an eine Predigt von Ulrich Parzany, die die Teens witzig abholte mit dem Thema „Kleider machen Leute". Es ist ja klar, daß Mode ein Mega-Thema jugendlicher Identitätsbildung ist. Weil es Advent war, war die Geschichte vom Einzug Jesu in Jerusalem dran, in der die Leute Jesus ihre Klamotten hinlegen. Und dann hörten die Mädchen und Jungs die Herausforderung, ihre Kleider, also ihre Identität, dem kommenden Jesus hinzugeben.
Hier wurde für mich der Dreischritt missionarischer Jugendarbeit beispielhaft erfüllt: Kenntnis- und Aufnahme von Trends, Hinführung zum Wort – und das Wort, das Trends hinterfragt und mit neuen Inhalten zu füllen vermag.

„Being trendsetters by being trendy"

Indem ich auf den Anfang verweise, komme ich zum Schluß. Wir sind in der missionarischen Jugendarbeit herausgefordert, nicht „offsite" zu stürmen, uns nicht „outside" zu orientieren, aber auch nicht einfach müde mitzulaufen, sondern „inside", im „Spielfeld" der Welt interessiert und involviert zu sein. Wir sind aufgefordert mitzuspielen, also „trendy" zu sein in unseren Mitteln und Methoden – aber zugleich Spielmacher, also „trendsetter" zu sein mit einer markant anderen Message. Gott gebe uns den Mut, von Jesus Christus deutlich und verändernd zu reden, und die Gelassenheit, uns formal anpassen zu können – und die Weisheit, das eine vom anderen zu unterscheiden.

***Ulrich Scheffbuch**, Jahrgang 1964, lebt in Korb (Württemberg), Studium der evangelischen Theologie in Tübingen und Erlangen, Auslandsvikariat in Südafrika, Ausbildungsvikariat in Walddorfhäslach, Pfarramt in Korb und Waiblingen, Mitarbeit bei Jugendtreffen und -wochen des CVJM-Landesverbandes Württemberg, des Ev. Jugendwerks in Württemberg, des Württembergischen Brüderbunds und des Altpietistischen Gemeinschaftsverbandes in Württemberg.*

Zum Weiterdenken

1. Was die vielfältigen Jugendkulturen eint:
   - Stil statt Wort: Läßt sich Christsein als Stilfrage ‚rüberbringen'
   - Form vor Inhalt: Was aber ist, wenn die Form den Inhalt schluckt?
2. Initiativen zur Schaffung einer neuen Identität:
   - Vom HipHop zum HimmelHop: Wie kann man die Sprache des HipHop lernen?
   - Vom „streetstyle" zum „team-spirit": Welche Regeln gelten für „streetstyle"? Wie kann daraus „team-spirit" entstehen?
3. Vom Trend zum Talk"
   - „Attraction by trend": Wieviel Trend darf sein? / muß sein?
   - „Let's talk about Jesus": Wie können wir die Beziehung zu Jesus zur Sprache bringen?
4. „Being trendsetters by being trendy"
   - Was bedeutet „offside" stürmen?
   - Was heißt, sich „outside" zu orientieren?
   - Wie können wir „inside" auf dem Spielfeld der Welt mitspielen?

Einfach Neues anfangen

7 Worauf du dich verlassen kannst

Auf der Suche nach persönlicher Gewißheit

Junge Menschen auf der Suche

Herausfordernd schaute er seine Eltern an; sein Kopf war kahl rasiert bis auf einen schmalen Streifen. Grellgrün standen die restlichen Haare nach oben: „Ihr seht, ich gehöre jetzt endgültig zu den Punks, am besten regt ihr euch nicht groß darüber auf. Ihr könnt euch eigentlich sogar darüber freuen, denn dort in der Clique habe ich das gefunden, was ihr mir ja doch nicht geben konntet."

Sie klingelte mitten in der Nacht an einer fremden Haustür. Als ihr geöffnet wurde, sagte sie kein Wort. Sie trank den heißen Tee. Sie ließ sich ein Nachtlager zeigen. Sie schwieg. Auch am nächsten Morgen blieb sie stumm. Sie bewegte die Lippen, aber es kam kein Wort heraus. Dann griff sie zu Papier und Stift und schrieb's auf: „Ich brauche ein Zuhause. Ich dachte, ich könnte es bei Ihnen finden ..."

„Punkte sammeln! Punkte! Ich denke, ich werd's schaffen", sagt der 18jährige Schüler bei einer Umfrage an der Gesamtschule. Die anderen nicken. „Ohne Punkte läuft heute nichts. Natürlich macht das mächtig Druck. Jeder kämpft gegen jeden. Wir fühlen uns als die Power-Generation. Nicht weil es uns besonders Spaß macht, ordentlich reinzupowern. Wir haben Angst vor der Zukunft. Von uns kommt nur durch, wer das Maximale aus sich herausholt."

Von dieser Generation trennen mich viele Lebensjahre. Junge Leute leben und kämpfen heute ganz anders als ich es tat in ihrem Alter. Aber ich möchte sie verstehen; ich möchte ihnen nahe sein. Ich weiß, daß sie ihre eigenen Lebenserfahrungen sammeln müssen. Es bringt nichts, wenn ich ihnen sage, was sie tun sollen. Aber es bringt viel, wenn ich ihnen zuhöre, wenn ich interessiert nachfrage und wenn ich mein Leben erkennbar für sie in der Gewißheit des Glaubens an Jesus Christus lebe.

Wie ich selber zur Gewißheit des Glaubens fand

Ich erinnere mich, wie trostlos mir die Nachkriegswelt als Kind vorkam, weil alle Menschen um mich her immer nur jammerten. Ich wollte leben. Aber es schien keine hoffnungsvolle Lebensperspektive mehr zu geben. Dann begegnete ich einer Frau, die anders war. Sie hatte auch wenig zu essen. Sie wohnte in einem Unterschlupf. Sie trug wie ich Schuhe, die eigentlich nicht paßten. Aber sie strahlte Zuversicht und Hoffnung aus. Das faszinierte mich. Ich fragte nach dem Grund. Und die Frau erzählte mir von ihrem Vertrauen zu Jesus Christus. Die Begegnung mit dieser Christin half mir, dem Heidenkind des Dritten Reiches, Jesus auf die Spur zu kommen. In turbulenter Nachkriegszeit entdeckte ich den, auf den ich mich unter allen Umständen verlassen kann. Dieser Frau verdanke ich, daß ich zu einem frohen und gewissen Glauben an Jesus kam.
Was hatte diese Frau getan? Sie hatte Vertrauen, daß Jesus ihr auch in schwerer Nachkriegszeit an jedem Tag zur Seite stand und sie durchbringen würde. Sie wollte diese Gewißheit nicht für sich behalten. Sie sammelte Kinder im notdürftig hergerichteten Keller eines zerbombten Pfarrhauses, weil Jesus gesagt hat: „Laßt die Kinder zu mir kommen" (Mt 19,14). Die Frau liebte die hungernden und ungeborgenen Kinder, die so zahlreich auf der Straße herumliefen und selten etwas fanden, was ihre Lebensfreude stärken konnte. Sie spielte und sang mit ihnen. Sie hörte

ihnen zu, wenn sie erzählten, wie traurig es zu Hause aussah. Sie erzählte ihnen biblische Geschichten. Die meisten Kinder wußten wie ich nichts von Gott und Jesus. Wenn die Frau mit uns betete, spürten wir, daß sie über uns mit Jesus sprach. Sie erwartete von ihm Hilfe für jedes einzelne Kind. Und am Ende jeder Kinderstunde holte sie einen großen Topf mit dampfenden Pellkartoffeln in den Raum und verteilte sie an uns. Ich weiß noch, wie sehr ich mich immer auf den Augenblick freute, wenn ich in die warme Kartoffel beißen konnte. Meine Mutter hatte damals für Kirche und Glauben nichts übrig. Sie lobte aber den „Kartoffelverein", den ihre Tochter regelmäßig besuchte.
Was uns Christen Jahrzehnte später durch die Arbeit der Lausanner Bewegung eingeschärft wurde, habe ich auf diese Weise als kleines Mädchen ganz praktisch erlebt. Dort heißt es in der 5. These der Lausanner Verpflichtung (1974): „Wir tun Buße, daß wir manchmal Evangelisation und soziale Verantwortung als sich gegenseitig ausschließend angesehen haben. Wir bekräftigen, daß Evangelisation und soziale wie politische Betätigung gleichermaßen zu unserer Pflicht als Christen gehören. Denn beide sind notwendige Ausdrucksformen unserer Lehre von Gott und dem Menschen, unserer Liebe zum Nächsten und unserem Gehorsam gegenüber Jesus Christus."

Vom Versagen der älteren Generation

In Deutschland können heute Kinder und Jugendliche ihren Hunger nach Essen sehr schnell befriedigen. Der Hunger nach Geborgenheit aber wächst. Viele Jugendliche versuchen vergeblich, ihn irgendwie zu stillen. Immer mehr resignieren dabei: „Es gibt in dieser Welt nichts, auf das ich mich wirklich verlassen kann."
Es sind unsere Kinder und Jugendlichen, die suchen und nicht finden. Wir, die Eltern- und Großelterngeneration, tragen die Verantwortung dafür, daß die jungen Menschen so sind, wie

sie sind. Wir haben die Welt gebaut, in der sie heute leben und sich zurecht finden sollen. Wir tun gut daran, wenn wir (wie in der Lausanner Verpflichtung) nachdenken und zugeben, wo wir versagt haben – versagt als Eltern und Erzieher, versagt als Medienhersteller und Trendmacher, versagt als Politiker und Wirtschaftsfachleute, versagt als Kirche und Christen.

Es ist hier nicht der Ort, um die unterschiedlichen Entwicklungen aufzuzeigen, die zu diesem oder jenem negativen Ergebnis geführt haben. Wir können das Rad der Geschichte auch nicht zurückdrehen. Es ärgert mich aber, wenn Eltern und Erzieher (sie sind ja am nächsten an den Jugendlichen dran und bekommen auch am stärksten ihre Probleme mit) so schnell ihre Hände in Unschuld waschen und auf andere verweisen, die schuld seien.

Es wäre den Jugendlichen schon sehr geholfen, wenn wir Erwachsenen ehrlich zu unseren Fehlern stehen würden, wenn wir zugeben, daß wir uns selbst oft viel wichtiger waren als die nach uns kommende Generation.

Der junge Mann, der aus der Familie zu den Punkern wechselte, hatte die Hoffnung verloren, daß er seinem Vater einmal wichtiger sein könnte als das Geschäft, in dem auch die Mutter – kaum, daß er zur Schule gekommen war – voll mitarbeiten mußte. Auf weitere Kinder hatten die Eltern bewußt verzichtet, um voranzukommen. „Wir lieben unseren Sohn; er hat alles bekommen, was er sich wünschte", sagten die Eltern, als der Junge ausbrach. Sie hatten nicht begriffen, daß der Hunger nach persönlicher Zuwendung nicht durch Dinge gestillt werden kann. Ich fragte den 17jährigen, was er denn in der Clique besonders schätzte: „Die sind da für einen; denen kann man erzählen, wie beschissen man sich fühlt. Manchmal quatschen wir auch und überlegen, was noch kommt. Es muß doch Sinn machen, überhaupt auf diesem Planeten gelandet zu sein." Die Eltern konnten ihrem Sohn diese Frage nicht beantworten. Sie lebten, um das große Geld zu machen. Über einen anderen Lebenssinn hatten sie noch nie nachgedacht.

Das Mädchen, das nachts vor der Tür stand und ein Zuhause suchte, sehnte sich nach Geborgenheit. Die Ehe, aus der sie stammte, war schon bald zerbrochen. Die Mutter versuchte immer wieder neu eine Beziehung aufzubauen. Es kamen weitere Kinder, die Väter gingen wieder. Sie war große Schwester und Ersatzmutter zugleich. Sie fühlte sich der Aufgabe nicht gewachsen und suchte Hilfe. Sie lernte Christen kennen und erlebte zum ersten Mal, daß auf Menschen Verlaß war. Sie hörte, daß mehr noch auf Jesus Verlaß sei. Sie überlegte sich: Wenn ich bei Christen wohnen würde, könnte ich ausprobieren, was der Glaube wirklich bringt.
Die Punkte sammelnde Power-Generation macht einen starken Eindruck. Sie setzt sich voll ein und setzt sich durch. Wahrscheinlich sind ihre Eltern und Erzieher stolz auf sie. Schließlich haben sie ja selbst auch powern müssen, um voranzukommen. Gut, wenn's so weitergeht. Nur in dem Bericht dieser Umfrage unter Gesamtschülern ist auch von der Angst die Rede: „Was ist eigentlich, wenn ich das Maximale aus mir heraushole und am Ende doch scheitere?" Warum geben wir Erwachsenen so gern mit unseren Erfolgen an und sind so wenig bereit, von unserem Scheitern zu reden? Die junge Generation braucht ehrliche Vorbilder. Sie achtet sehr kritisch darauf, ob die Worte, die wir von uns geben, auch durch unser Leben gedeckt sind.

Worauf ist denn Verlaß?

Wir Christen reden gern davon, daß auf Gott Verlaß ist. Prägt dieses Wissen auch unseren Alltag? Jesus Christus kommt zwar in unserem Leben vor, aber er bestimmt nicht mehr unser Denken und Handeln. Die Angst vor frommer Gesetzlichkeit hat bei vielen Christen zu einer christlichen Liberalität ohne Mitte geführt. Dann können wir Älteren den Jüngeren auch keine klaren Leitlinien mehr geben. Wir weichen auf die vielen

Wege aus, die angeblich alle irgendwie zum Ziel führen. Wir sagen: „Suche dir selbst den Weg, den du für den besten hältst!" Kinder und Jugendliche aber brauchen klare Wegweisung für ihr Leben. Wir werden an ihnen schuldig, wenn wir sie in ihrem Suchen und Fragen allein lassen. Wir betonen, daß wir ihnen doch so große Freiheiten geben, selbst die Entscheidung treffen zu können. In Wirklichkeit verstärken wir ihre Unsicherheit, ihre Lebensängste, ihre Entscheidungsschwäche. Wir helfen den jungen Menschen, eine persönliche Entscheidung zu treffen, wenn wir ihnen sagen, wofür wir selbst uns entschieden haben, warum wir uns dafür entschieden haben und worauf wir uns fest verlassen.

Es gibt Ereignisse im Leben, die gewiß sind. Der Tod z.B. ist todsicher. Kein Mensch kann sich ihm entziehen. Die Bibel sagt uns, daß menschliches Leben (im Gegensatz zu tierischem Leben) bei Gott so wertvoll geachtet wird, daß mit dem Tod nicht alles aus ist. Tierisches Leben „verendet", menschliches Leben kommt zurück zu Gott und vor sein Gericht. Alle Menschen werden dann von Gott gefragt werden, was sie aus ihrem Leben gemacht haben. In Hebräer 9,27 lesen wir, daß jeder Mensch einmal sterben muß und danach vor Gottes Gericht kommt. Jeder – auch der, der in seinem Leben nicht nach Gott gefragt hat, ja vielleicht sogar ganz gewiß war, daß Gott gar nicht existiert. Genauso gewiß wie die Bibel über Tod und Gericht redet, weist sie auch auf Rettung und ewiges Leben hin: „Gott hat die Welt so sehr geliebt, daß er seinen eingeborenen Sohn gab, damit alle, die an ihn glauben, nicht verloren werden, sondern das ewige Leben haben" (Joh 3,16).

Wir Menschen können selbst entscheiden, ob wir zu den Geretteten gehören wollen. Wenn wir uns auf Jesus verlassen, ist unsere Teilhabe an Gottes Ewigkeit ganz gewiß. Mit vielen schönen Bildern wird diese Gewißheit in der Bibel beschrieben:

* Menschen, die zu Jesus gehören, sind wie Schafe bei ihrem

Hirten in sicherer Hut bei Jesus. Niemand und nichts kann sie ihm entwenden (Joh 10,28).
* Wenn wir uns auf Jesus verlassen, haben wir unser Lebenshaus auf Felsengrund gebaut. Noch so heftige Lebensstürme können es nicht zu Fall bringen, es hat Bestand. Jesus trägt uns hindurch (Mt 7,24-27).
* Als Jünger Jesu gleichen wir den Reben am Weinstock. Reben werden mit allem, was sie zum Wachsen und Reifen brauchen, versorgt. Der Weinstock (= Jesus) sorgt dafür, daß sie Frucht bringen (Joh 15,5).
* Paulus rühmt die Gewißheit der Kinder Gottes in einem Lied: „Ich bin gewiß, daß weder Tod noch Leben, weder Engel noch Mächte noch Gewalten, weder Gegenwärtiges noch Zukünftiges, weder Hohes noch Tiefes noch eine andere Kreatur uns scheiden kann von der Liebe Gottes, die in Jesus Christus ist, unserem Herrn" (Röm 8,38f).
Können wir da von Herzen einstimmen? Wenn nicht, dann sollten wir nach dem Grund fragen.

Was bringt die Gewißheit ins Wanken?

Vielleicht hat sich in unserem Christsein die Perspektive verschoben: Statt auf Jesus zu sehen, haben wir uns selbst viel zu stark im Blick. Wir entdecken, was wir alles nicht schaffen. Es macht uns traurig, daß wir als neue Menschen nicht die Früchte des Geistes hervorbringen (Gal 5,22f). Wir entdecken statt dessen an uns immer noch die Macht alter Gewohnheiten: Wir sind lieblos und ungeduldig, biestig und neidisch, wir haben den Eindruck, daß mit unserem Glauben nicht viel los ist. Verzagtheit und Skepsis mischen sich und vertreiben gemeinsam die Gewißheit, daß Jesus der Sieger ist. Wir vergessen, daß Jesus allein uns die Gerechtigkeit schenkt, die vor Gott gilt. Wir fallen zurück in das Denken des „alten Adam" und meinen, durch unsere frommen Leistungen vor Gott glänzen zu müssen.

Vielleicht wird die Glaubensgewißheit auch durch Undankbarkeit geschwächt. Gott hat mir andere Gaben und Möglichkeiten geschenkt als den anderen. Wenn ich mich ständig mit anderen vergleiche und überlege, was die alles tun und können, werde ich undankbar für das, was Gott mir gegeben hat. Ich selbst stoppe irgendwann sehr bewußt mein Jammern über alles, was mir zu fehlen scheint, und singe mit Jürgen Werth:
„Vergiß es nie: daß du lebst, war keine eigene Idee, und daß du atmest, kein Entschluß von dir. Du bist gewollt, kein Kind des Zufalls, keine Laune der Natur, ganz egal ob du dein Lebenslied in Moll singst oder Dur. Du bist ein Gedanke Gottes, ein genialer noch dazu. Du bist du, das ist der Clou, ja, du bist du!"
Gott will und kann mich so gebrauchen, wie ich bin! Darüber will ich mich freuen.
Die Gewißheit des Glaubens kann auch durch konkreten Ungehorsam verloren gehen. Gott hat mir gesagt, was er von mir erwartet. Aber ich habe keine Lust dazu. Ich sammle Argumente, warum ich das nicht tun kann. Ich mache Gott Vorschläge, daß er doch seine Erwartungen an mich ändern könnte. Manchmal versuche ich auch, Gottes Auftrag bewußt zu vergessen. Als Folge meines Ungehorsams habe ich dann meist auch keine Lust mehr, die Bibel zu lesen. Das Reden mit Gott wird auch immer sparsamer. Eigentlich sollte mich's nicht verwundern, daß die Freude des Glaubens dann schwindet und statt dessen Zweifel an Gott auftauchen. Ich klage darüber, daß Gott zu alledem scheinbar schweigt. Erst wenn ich bereit bin, Gottes Erwartungen zu erfüllen, stellt sich neue Gewißheit des Glaubens ein.

Freiheit ohne den Vater?

Dem jungen Mann, von dem Jesus in Lukas 15,11-24 erzählt, ging es gut bei seinem Vater. Er mußte als Sohn nicht – wie heute in den meisten landwirtschaftlichen Betrieben üblich –

von früh bis spät zupacken. Sein Vater hatte genügend Landarbeiter. Der junge Mann mußte sich auch keine Sorgen um seine Zukunft machen. Ein gutes Erbteil war ihm sicher. Aber warum eigentlich warten, bis der alte Herr stirbt? Genuß sofort! Es ist doch besser, jetzt schon viel Geld zu haben, die Welt zu sehen, die große Freiheit zu genießen! Der Sohn ging zum Vater und forderte sein Erbe.

Das Gleichnis Jesu ist wie ein Spiegel unserer Zeit. Erkennen wir uns? Christen glauben, daß Gott ihr Vater ist und daß er sie mit allem gut versorgt. Aber ist da nicht auch die Sorge, daß der Glaube, das Bleiben in der Gemeinde einengen? Vielleicht verpasse ich als Christ ja etwas. Eines Tages steht fest: Ich breche aus. Ich habe nichts gegen Gott, aber ich will frei sein. Kein ständiges Hören mehr auf das, was Gott mir sagt. Kein tägliches Gespräch mehr mit ihm. Auf die Gemeinschaft mit den Brüdern und Schwestern kann ich auch verzichten. Ich fühle mich im Recht, an Gott Forderungen zu stellen. Als Vater muß er mir doch geben, was ich von ihm erwarte: Gesundheit, Bewahrung, Glück, Erfolg.

Der Vater im Gleichnis hätte mit vollem Recht die Auszahlung des Erbes verweigern können. Dennoch gibt er dem Sohn, was der von ihm erwartet, und läßt ihn ziehen.

Gott zwingt keinen Menschen zum Bleiben. In seiner Vaterliebe weiß er, daß die Kindesliebe nicht durch Zwang zu erreichen ist. So stattet er uns aus mit dem, was wir zum Leben brauchen. Gott entläßt uns reich beschenkt in die Freiheit, die wir begehren.

Der Sohn verließ das Vaterhaus in der Überzeugung: Besseres konnte mir gar nicht passieren! Jetzt kann ich mir alles leisten. Jetzt kann ich tun, was ich will. Ich bin frei! Niemand hat mir etwas zu sagen.

Gibt es Freiheit ohne den Vater?

Der Sohn konnte vergessen, daß er immer noch von den Gaben des Vaters lebte. Aber er konnte nicht verhindern, daß

er in eine neue Abhängigkeit hineingeriet, die ihm nur Unglück brachte. Er, der sich auf den Vater nicht mehr verlassen wollte, hatte am Ende nichts und niemanden mehr, worauf er sich verlassen konnte. In seinem unbändigen Freiheitsdrang kann der Mensch sich von Gott lossagen. Aber die Gottlosigkeit führt zu „Jammer und Herzeleid“ (Jer 2,19).
„Da kam der Sohn zur Besinnung“ heißt es im Gleichnis. Die existentielle Not weckte den jungen Mann auf. Aus war der Traum von der großen Freiheit ohne den Vater!
Der junge Mann tat nicht das, was Menschen normalerweise tun, wenn sie am Ende sind. Er suchte nicht nach Schuldigen, die ihn dorthin gebracht hatten. Er jammerte nicht über die bösen Verhältnisse, die das Elend entstehen ließen. Der Sohn erinnert sich an den Vater. Es ist eine gute Erinnerung: Beim Vater gibt's mehr als genug. Der Sohn überlegt: Ich habe die Wahl zwischen Sterben vor Hunger und Heimkehr zum Leben beim Vater.
Immer mehr junge Menschen hungern heute nach Verständnis und Liebe. Dieser „Vitamin-L-Mangel“, eine Folge der zerbrochenen Beziehungen zwischen Menschen, zeigt sich durch Aggression oder Apathie, durch heftiges Aufbegehren oder gänzliches Abtreten. Vielen fällt es schwer zuzugeben, daß sie auf der Suche nach Geborgenheit sind. Sie hungern nach einer Zukunftsperspektive und Sinngebung für ihr Leben.
Ob der Hunger auch heute Menschen zur Besinnung bringt? Ob sie sich heute auch daran erinnern, daß sie einen Vater haben, bei dem sie all das finden können, was ihnen fehlt? Dazu müßten sie als Kinder und Jugendliche etwas von diesem Vater gehört und erfahren haben! Erinnern kann man sich nur an das, was man schon mal erlebt hat! Wie wichtig ist doch eine biblisch gefüllte Kinder- und Jugendarbeit in CVJM und Gemeinde!
Der Sohn im Gleichnis faßt den Entschluß: „Ich will mich aufmachen und zu meinem Vater gehen!“ Wenn heute Menschen

von der Möglichkeit der Umkehr hören, wagen sie oft den entscheidenden Schritt nicht. Sie reagieren wie einst König Agrippa auf die aufrüttelnde Predigt des Apostels Paulus: „Es fehlte nicht viel, so wirst du mich noch überreden und einen Christen aus mir machen" (Apg 26,28). Es fehlt nicht viel – aber die ersehnte Geborgenheit wird verpaßt. Bekümmert es uns Christen eigentlich, daß schon so mancher ganz dicht davor stand, Christ zu werden, und es dann doch nicht wurde? Wir können niemanden zum Christwerden überreden. Aber wir können sehr viel tun, damit Menschen wissen: Bei der Suche nach Glaubensgewißheit geht es um den persönlichen Entschluß: „Ich will mich aufmachen und zu meinem Vater gehen."

Der junge Mann im Gleichnis wußte auf einmal, daß das Weglaufen vom Vater Schuld war. Er konnte es sich nicht vorstellen, daß der Vater ihn wieder als Sohn aufnahm; er fühlte sich der Liebe des Vaters nicht mehr wert. Als angestellter Arbeiter wollte er in der Nähe des Vaters leben.

Manchmal kommen wir mit Menschen ins Gespräch, die überzeugt sind: „Meine Gottlosigkeit ist so groß, da gibt's kein Zurück mehr!" Wie gut, daß wir sie auf Jesus hinweisen können, der für alle unsere Sünden am Kreuz gestorben ist. Jesus bringt jeden, der will, zum Vater zurück.

Der junge Mann im Gleichnis kehrte heim. Äußerlich glich er einem Bettler mit leeren Taschen und leeren Händen. Seine Kleidung war zerrissen und stank nach Schweinen. Er trug keine Schuhe mehr. Äußerlich machte nichts mehr deutlich, daß er der Sohn war. Aber sein Herz war voller Sehnsucht nach dem Vater. Es zog ihn in die richtige Richtung.

Der Vater erkannte den Sohn von weitem. Tag um Tag hatte er Ausschau gehalten und auf seine Heimkehr gewartet. Als er ihn kommen sah, lief er ihm entgegen. Für einen alten Herrn eine ungewohnte Gangart. Die Liebe ist es, die ihn eilen läßt. Der Vater möchte dem Sohn das letzte Wegstück abnehmen. Er weiß, daß die letzten Schritte die schwersten sind, weil sich

dann noch einmal hemmende Gedanken auftürmen: Kann ich es wirklich wagen, mit all meiner Schuld zum Vater zurück zu kommen? Wird er mich nicht verurteilen und wegschicken? Schon fällt der dem Sohn um den Hals und küßt ihn. Er zieht den Ungeborgenen ganz fest an sein Herz. Der Kuß besiegelt: Du bist mein geliebtes Kind! Der Vater hört das Schuldbekenntnis des Sohnes. Seine Liebe deckt alle Schuld zu und gibt dem Heimgekehrten neuen Wert. Anzug, Siegelring und Schuhe sind Zeichen dafür, daß der Sohn wieder ganz zu Hause ist beim Vater. Nicht nur als Angestellter, sondern als Kind. Nicht nur er selbst soll das wissen, auch alle anderen sollen es mitbekommen: Was vorher war, ist nun vorbei (2 Kor 5,17). Dann wird das Fest gefeiert, das Fest der Freude über Heimkehr und Neubeginn. Der Vater hatte längst für die Heimkehr des Sohnes alles vorbereitet.
Gott will nicht, daß Menschen in und an der Gottlosigkeit zugrunde gehen. Er bereitet auch alles für ihre Heimkehr vor. Jesus kommt in die Welt, um die auf der Suche nach sich selbst in die Irre Gegangenen nach Hause zu holen. Er gibt den Auftrag, den er vom Vater bekam, an seine Nachfolger weiter: „Wie mich der Vater gesandt hat, so sende ich euch!" (Joh 20, 21).

Wer sagt es ihnen?

Lassen wir uns infizieren von der Rettungsliebe Jesu zu den Verlorenen? Ich stelle immer wieder fest, wie sehr wir uns daran gewöhnt haben, daß die meisten Menschen heute ganz weit weg sind von Gott. Was aber geschieht mit den Menschen, die wie der Sohn im Gleichnis irgendwo auf dem Tiefpunkt gelandet sind und darüber verzweifeln, daß sie keinen Halt mehr finden? Sie müssen doch hören, daß sie einen himmlischen Vater haben, dem es nicht egal ist, ob ihr Leben gelingt oder mißlingt, der sie liebt, der auf sie wartet und der bereit ist, einen ganz neuen Anfang zu schenken. Wer sagt es ihnen?

Wir klagen heute oft, daß christliche Jugendarbeit so schwierig geworden ist, weil die jungen Leute nicht zu uns kommen oder an unseren Programmen kein Interesse haben. Jesus hat seine Jünger nicht aufgefordert, tolle eigene Programme anzubieten. Er erwartet, daß sie in sein Rettungsprogramm einsteigen und zur Heimkehr zum Vater einladen. Das funktioniert auch noch heute. Es finden immer wieder Menschen zu einem gewissen Glauben.

Persönliche Glaubensgewißheit ist nur durch persönlichen Einsatz zu erreichen. Der, der sie schon geschenkt bekam, erzählt freudestrahlend dem davon, der sie noch nicht hat. Er macht Mut, Schritte auf den Vater zu zu machen. Statt über die Glaubenslosigkeit unserer Zeit zu jammern, dürfen wir lebendige Wegweiser zur Glaubensgewißheit sein.

Wir hören oft die Frage: Worauf kann man sich denn heute noch verlassen? Warum antworten wir nicht ganz schlicht: „Auf Jesus!" Jesus hat den Weg zu Gott für uns frei gemacht.

Danken und dienen – die Stützpfeiler der Glaubensgewißheit

Manchmal machen wir Erfahrungen, die den Verheißungen Gottes zu widersprechen scheinen. Wir lassen uns davon lähmen. Wir stecken uns gegenseitig durch das Aufzählen aller Schwierigkeiten an. Wir reden viel zu wenig von dem Guten, das Gott uns mit Jesus schenkt und auch heute erleben läßt.

Danken und dienen sind für mich die tragenden Stützpfeiler eines Lebens in Glaubensgewißheit. Immer wieder neu mache ich den Danktest. Wenn mir gerade besonders zum Klagen zumute ist, schreibe ich auf, für was ich auch jetzt noch danken kann. Ich staune jedesmal, wieviel dabei zusammen kommt. Und dann danke ich mich durch die Liste – Punkt für Punkt. Am Ende weiß ich wieder, daß ich einen wunderbaren und großartigen Herrn habe. Dankbarkeit schenkt Freude und Spannkraft zum Dienst. Ich weiß, für wen ich arbeite, und ich weiß auch,

warum ich es tue. Danken ohne die Bereitschaft zum Engagement verkommt zum Wortgeklingel. Dienst ohne Dankbarkeit dagegen steht in der Gefahr, zur gesetzlichen Last zu werden. Auch da gibt es einen Test: Wenn ich meinen Terminkalender sehe und stöhne, wie eng es mal wieder wird, frage ich: Warum hast du eigentlich die Zusagen für die verschiedenen Dienste gegeben? Ich stelle dann fest, wie bunt gemischt die Motive sind. Es reicht von: „bei Gott erbetener Auftragsgewißheit" bis zum: „Zeig mal, was du kannst", vom Löcherstopfen: „Es ist doch sonst niemand da, der das tun kann" bis zum Denken: „Je gefragter ich bin, desto bedeutsamer bin ich." Falsche Motive wirken sich auf die Erfüllung unseres Dienstes aus. Gerade junge Leute haben ein feines Gespür für Wichtigtuerei. Unser Gestreßtsein wirkt abstoßend auf sie. Wie können sie glauben, daß es hilfreich für sie ist, mit Gott zu leben, wenn in unserem Leben so wenig positive Auswirkungen zu spüren sind. Jesus schöpfte Kraft und Wegweisung aus dem Zwiegespräch mit dem Vater. Erleben die Menschen, die uns beobachten, auch, daß das Gebet die Quelle der Kraft für unseren Dienst ist?
Danken und dienen – es gehört zusammen wie einatmen und ausatmen, wie Flut und Ebbe. Leben in der Gewißheit des Glaubens braucht beides, das Ganz-bei-Gott-Sein und das Ganz-bei-den-Menschen-Sein. Wenn wir jungen Menschen auf der Suche nach persönlicher Gewißheit und Geborgenheit helfen wollen, brauchen sie unsere Worte als gute Wegweisung, sie brauchen aber zugleich uns selbst als hilfreiches Anschauungsmaterial.
Wie gut, wenn wir mit den fragenden und suchenden Jugendlichen nicht nur für wenige Stunden zusammen sind, sondern sich auch längeres Zusammenleben ermöglicht. Freizeiten sind und bleiben deshalb eine gute Gelegenheit, daß aus nach Gewißheit Suchenden Leute werden, die finden, die heimkehren zum Vater. Eine ähnliche Chance bietet sich, wenn Jugendliche Zugang zu Familien von Christen gewährt wird, in denen sie die Geborgen-

heit erleben können, die sie in der eigenen Familie vermißt haben. Wir haben mehrfach junge Leute für einige Jahre in unserer Familie mit wohnen lassen. Sie merkten, daß Christen ganz normale Menschen sind, die wie sie mit Problemen konfrontiert werden und keineswegs immer sofort eine Antwort parat haben. Sie haben erlebt, wie von Gott Klärung und Hilfe erbeten wurde und wie sie dann auch kam. Und sie haben die Wirkung vergebender Liebe mitbekommen, wenn es Streit gab. Sie haben das Festhalten an der Hoffnung erlebt, wenn die Schwierigkeiten groß waren. Sie haben gemerkt, daß sich über Bibelworte nicht nur schön am Sonntag predigen läßt, sondern daß sie auch im Alltag ausgeschöpft werden und sich als wegweisend zeigen.
Wir Menschen können andere nicht zu Christen machen. Aber wir können verhindern, daß andere Christen werden, wenn wir unglaubwürdig leben. Durch ein gutes Vorbild können wir es fördern, daß suchende Menschen aus der Ungewißheit herauskommen und zur Gewißheit des Glaubens finden.
Jesus lebt. Er ruft auch in unserer Zeit Menschen aus der Dunkelheit ins Licht, aus der Ungewißheit in die Gewißheit, aus dem Tod ins Leben. Welch eine Möglichkeit, daß wir andere mit Wort und Tat darauf hinweisen können!

Brunhilde Blunck*, Jahrgang 1935, lebt in Essen, verheiratet, Mutter von sieben Adoptivkindern, Theologin, ordinierte Predigthelferin und langjährige ehrenamtliche Mitarbeiterin im CVJM, Predigt- und Vortragsdienste in Kirchen und freien Werken (seit Jahren besonders oft bei Frühstücktreffen für Frauen), Mitarbeit in diversen Gremien: AMD, Lausanne, ProChrist, Willow Creek u. a.*

Zum Weiterdenken

* Wie bekommen wir junge Menschen in den Blick?

* Worauf verlasse ich mich selbst?

* Wie habe ich selber zur Gewißheit des Glaubens gefunden?

* Was bringt die Gewißheit ins Wanken?

* Persönliche Glaubensgewißheit ist nur durch persönlichen Einsatz erreichbar – wieviel bin ich bereit einzusetzen?

* Danken und Dienen – Stützpfeiler der Gewißheit. In welchem Verhältnis steht beides zueinander?

8 Am Anfang steht Vertrauen

Zugänge finden zu jungen Menschen

Der Zeit der komfortablen Fortsetzung des Vertrauten ist vorbei. Erst recht in der Jugendarbeit. Es gibt keine bequemen Selbstverständlichkeiten mehr, auf die man problemlos aufbauen könnte. Gestern noch war „die Bude voll", heute stehen dort leere Stühle. Die tolle Idee, mit Begeisterung und Phantasie vorbereitet, verpufft fast unbemerkt. Wenn man auf der anderen Seite einen Draht zu jungen Leuten hat, ein Gefühl für das, was ankommt, und ein wenig Mut zum Ungewöhnlichen, kann man auch heute die Sitzplätze (wenn man sie denn braucht) knapp werden lassen. Das Programm muß kurzweiliger und kurzfristiger sein als früher, ruheloser und risikoreicher.

Dennoch wollen junge Leute nicht nur konsumieren, sondern sich engagieren. Voraussetzung ist allerdings, daß jedes Angebot drei Fragen standhält:

1. Ist es mir wichtig?
2. Ist es erkennbar für mich und andere?
3. Hat es Qualität und damit Zukunft?

Nur das, was mich berührt, was ins Auge fällt und was kein Verfallsdatum hat, lohnt mein Engagement.

Darum ist es – heute wie damals – kein Zufall, wenn es gelingt, junge Leute anzusprechen und zu begeistern. Der Weg ist länger, aber die Richtung ist die gleiche. Und auch die Schritte sind die gleichen, die man auf diesem Weg zu und mit jungen Leuten gehen muß, um sie zu erreichen und zu beteiligen. Entscheidend ist die Reihenfolge der Schritte und die Beharrlichkeit, mit der man sie geht. Wer zu viel auf einmal erreichen will, den zweiten Schritt vor dem ersten geht, baut leicht Blockaden auf. Wer andererseits nicht schon den nächsten Schritt vor Augen hat, verpaßt schnell den Anschluß. Jeder neue Schritt ist eine Herausforderung, eine Einladung, sich mehr mit dem gemeinsamen Ziel zu identifizieren, um aus Interesse Beteiligung, aus Beteiligung Engagement und aus Engagement Hingabe werden zu lassen.

Vertrauen

Alles beginnt mit Vertrauen. Das ist eine Schlüsseleigenschaft, nicht erst der Zukunft. Wer junge Menschen erreichen will, muß ihr Vertrauen gewinnen. Sie sind mißtrauisch geworden in einer Welt der Sonderangebote, des schnellen Versprechens, der einfachen Antworten. „Beim Umgang mit neuen und alten Medien zeigen viele Heranwachsende mehr Verstand als ihre Alten. Alle Untersuchungen weisen darauf hin, daß sie gegenüber dem Schwall von Unsinn und Müll gesunde Abwehrreflexe entwickeln, platt gesagt: Erst einmal gar nichts glauben, aber nutzen, was ihnen brauchbar scheint oder Spaß macht."[15]
Eine gesunde Skepsis ist in dieser Massenmedienwelt nicht nur angemessen, sondern lebensnotwendig. Vor allem wenn man bedenkt, daß unsere elektronisch vermittelte Wirklichkeit fast unbegrenzt manipulierbar ist. Gab es früher noch Negative, an denen retuschierte Bilder noch erkannt werden konnten, gibt es heute praktisch keine Originale mehr. Eine letzte zweifelsfreie Wirklichkeit, die Maßstab und Kritik jeder Manipulation wäre, wird immer zweifelhafter und droht in der Unübersichtlichkeit unserer Medienwelt unterzugehen. Nur ein Spiel, wenn im Fernsehen Bilder von Prominenten „gemorpht", d. h. elektronisch verändert werden? So wird aus Johannes Paul II. ganz einfach Eugen Drewermann, aus Mutter Teresa Arnold Schwarzenegger, aus Madonna Mutter Beimer – und aus der Wirklichkeit ein Spiel. Bloß ein Spiel?
Mißtrauen als Reaktion auf die Unübersichtlichkeit und fast grenzenlose Manipulierbarkeit unserer Welt wird wachsen –

und damit der Wert persönlicher Begegnungen. Je weniger Medien sich zwischen mich und den anderen schieben, um so weniger Angst vor Manipulation muß ich haben. Dem Mißtrauen im Großen wird der Wunsch nach Vertrauen im Kleinen entsprechen. Aber Vertrauen braucht Zeit, es muß wachsen. Vertrauen kann man nicht durch Versprechen erzwingen, nicht durch Hochglanzprospekte erzeugen, sondern nur durch vertrauenswürdiges Verhalten ermöglichen, durch persönliche Begegnung und durch den Verzicht auf jede Form von Druck und Manipulation.

Wie vertrauenswürdig sind wir? Unsere Gruppen und Vereine? Unsere Gemeinden? In den Augen derer, die uns von außen betrachten. Denn Vertrauenswürdigkeit entsteht in den Augen der Beobachter, nicht in den Gesten der Beobachteten. Wir Christen werden im Vorfeld der eigentlichen Begegnung und erst recht der ersten, vorsichtigen Beziehung viel mehr Qualitätsprüfungen unterzogen als wir wahrnehmen. Die Menschen – und nicht nur die jungen – wollen wissen, worauf sie sich einlassen. Deshalb ist die wichtigste Eigenschaft, die ein Verein, eine Gemeinde im Blick haben muß: Vertrauenswürdigkeit. Das steht noch vor modern, interessant, jugendlich, ausgefallen ... Echtheit ist gefragt. Stimmt hier die Qualität nicht, ist alles Folgende zum Scheitern verurteilt.

Wir dürfen im Laden nicht mehr zeigen, als wir auf dem Lager haben. Wir wollen also nicht nur die glatte, weil künstliche Fassade präsentieren, sondern die Wirklichkeit der Gemeinschaft, rauh und glatt, bröckelnder Putz und fester Stein, Zusammenhalt und Lücken. Echtheit schließt ein, daß wir uns selbst nicht auf unsere helle Seite festlegen, sondern deutlich machen, wie wir – in Vertrautsein und Konflikt – miteinander umgehen. Nur Wahrheit wirbt. Nur Aufrichtigkeit schafft Vertrauen. Nur Vertrauenswürdigkeit schafft den Zugang zu unserer Gemeinschaft für die, die noch draußen stehen.

Annahme

Der Mensch sehnt sich nach Annahme: einfach sein dürfen, wer man ist, nicht nur, wie man sein sollte. Wir stehen unter dem ständigen Druck, uns zu rechtfertigen. Aber im Gegensatz zu früheren Generationen leben wir „unter der Autorität der Augen der anderen". Wir scheinen es nicht mehr nötig zu haben, uns vor Gott zu rechtfertigen, weil wir „unter der Autorität Gottes" leben, statt dessen fühlen wir uns permanent gezwungen, uns voreinander zu verteidigen, unseren Lebensstil, unsere Meinung, unser Engagement, unsere Ziele. Wir modernen Menschen leben unter ständigem Rechtfertigungsdruck, vor der Gesellschaft, der Geschichte, der zukünftigen Generation, der Dritten Welt usw. Deshalb wächst das Bedürfnis nach Annahme. Einfach Ich sein, ohne in dieser permanenten Verteidigungshaltung zu erstarren.
„Nehmt einander an, wie Christus euch angenommen hat zu Gottes Lob" (Röm 15,7) ist ein Grundsatz christlicher Gemeinschaft. Wer sich angenommen weiß, kann auch andere annehmen – und wenn wir Christen uns von Christus angenommen wissen, dann gibt es eigentlich keine Grenze dafür, andere anzunehmen, so wie sie sind. Eigentlich, denn bei allem guten Willen reagieren wir Christen oft anders, als wir's selbst wahrnehmen und wahrhaben wollen. Christsein versteift sich leicht zu einem bestimmten Milieu, zu dem nur derjenige leichten Zutritt bekommt, der bestimmte Eigenschaften besitzt: eine gewisse Anständigkeit, gesellschaftliches Angepaßtsein, die Fähigkeit, sein Leben einigermaßen im Griff zu haben – eben recht normal sollte man sein, um sich im Milieu der Christen wohlfühlen zu können.
Menschen, die anders sind als wir, machen uns Angst. Wir fühlen uns von ihnen herausgefordert. Ihre Art zu leben, zu reden oder zu glauben stellt uns in Frage. Sie verkörpern Aspekte oder leben sie aus, vor denen wir uns fürchten oder die zu leben wir uns selbst nicht trauen. Deshalb reagieren wir

ablehnend gegenüber dem Fremden, der in uns beides auslöst: Angst und Sehnsucht – eher unbewußt als bewußt.
Deshalb ist es wichtig, unsere Haltung zu den Außenstehenden, Fremden wahrzunehmen. Im Bild: Wie steht es mit der Körpersprache des Leibes Jesu Christi, der christlichen Gemeinschaft? So wie unser Körper viel deutlicher redet als unser Mund, wenn es um Beziehungen geht, so ist auch die Körpersprache des Leibes Christi deutlicher als seine Predigt-, Andachts- und Bibelarbeitssprache. Die Art und Weise, wie wir miteinander und vor allem mit Fremden umgehen, spricht deutlicher als alle Appelle zur Offenheit, zur Freundlichkeit, zur Annahme des anderen.
Deshalb ist es gut, einfach einmal „den Ton abzudrehen" und jetzt nicht mehr auf das zu achten, was gesagt wird, sondern zu sehen, was gelebt wird. Was sieht der Neue, der Fremde zuerst – unsere Rücken, weil wir so sehr beschäftigt sind mit uns selbst? Unseren Blick, mit dem wir ihn zuerst einmal gründlich mustern? Sieht er eine Umgebung, die ausschließlich den Bedürfnissen der Dazugehörigen entspricht? Oder spürt er eine Offenheit, in Atmosphäre, Körperhaltung, Mimik, Gestik, Begrüßung, Begegnung usw., die ihm vor allen Worten das Gefühl gibt: „Es ist gut, daß es dich gibt. Es ist gut, daß du so bist, wie du bist. Herzlich willkommen!"
Ist das erste Stichwort „Vertrauen" wie die Tür zu unserer Gemeinschaft, die Möglichkeit, überhaupt Zugang zu uns zu bekommen, so ist „Annahme" das Öffnen dieser Tür, das schon wortlose Sich-Öffnen der Gemeinschaft für die, die ihr noch fremd sind.

Zugehörigkeit

Ein Grundsatz für alle, die Menschen erreichen und integrieren wollen: Wer Menschen ansprechen will, muß erkennbar sein! Er muß deutlich machen, wofür er steht und was ihn von anderen unterscheidet. Wer nicht unterscheidbar ist, wird nicht wahrgenommen – wer nicht wahrgenommen wird, wird nicht ernst genommen – wer nicht ernst genommen wird, der wird auch nicht angenommen.

Das bedeutet für unsere Arbeit: Die Zugehörigkeit zu unserer Gemeinschaft muß sichtbar sein – und darf etwas kosten! Nur was etwas kostet, hat auf Dauer Bindungskraft. Etwas, das einem zufällt, kann einem genauso schnell entfallen, aber alles bindet, wofür man eine Grenze überschreiten mußte. Es ist zu kurzfristig gedacht, wenn man versucht, die Grenzen unserer Gruppen, Vereine und Gemeinden unsichtbar zu machen und jeden, der sich für uns interessiert, gleich als zugehörig vereinnahmt. Es darf nicht zu einfach sein, zu uns zu gehören!

Es ist gut, hier zu unterscheiden: Unsere Gemeinschaft muß – zumindest grundsätzlich – offen sein für jeden. Christliche Gemeinschaft ist einladend, weil sie durch ihre Existenz die Einladung Gottes für alle Menschen verkörpert. Jeder darf kommen, jeder darf gucken, jeder darf mitmachen. Aber dennoch gibt es innerhalb der Gemeinschaft eine Grenze, an der aus Interesse Beteiligung wird, aus der Teilnahme am Programm eine Teilhabe am Ziel dieser Gemeinschaft, aus dem Mitmachen ein Mitarbeiten.

Um diesen Schritt, vom Zuhören zur Zugehörigkeit, dürfen wir die Teilnehmer nicht betrügen. Nicht jeder muß ihn gehen – und wird ihn gehen, aber jeder muß die Chance habe, ihn gehen zu können: eine Einladung, die Gemeinschaft, in der man lebt, zu verinnerlichen und sich nicht nur mit ihrem Programm zu beschäftigen, sondern mit ihren Zielen und dadurch mit ihrem Wesen zu identifizieren.

„Dabeisein“ ist eben nicht alles, „Dazugehören“ führt weiter. Deshalb ist es wichtig, daß wir immer wieder fragen, wie wir die neuen Teilnehmer zu Teilhabern machen können, wie wir sie, sensibel und deutlich, ansprechen, ob sie Mitglieder oder Mitarbeiter werden wollen, ob sie diese Gemeinschaft tragen und selbst von ihr getragen werden wollen. Die Zugehörigkeit muß sichtbar werden. Es muß einen Einschnitt geben, vielleicht ein Fest der Zugehörigkeit gefeiert werden, ein Merkzeichen gesetzt sein, das den neuen Mitgliedern und Mitarbeitern immer vor Augen führt: Ich gehöre dazu. Ich bin ein Teil des Ganzen.

Orientierung

Menschen suchen Orientierung, deshalb schließen sie sich Gruppen an. Jede Gruppe gibt ihren Teilnehmern Geborgenheit: Die Gruppe bietet Schutz, man kann sich in ihr verstecken und wird von den anderen Teilnehmern (mehr oder weniger) geschützt. Neben dieser äußeren Geborgenheit vermitteln Gruppen aber auch innere Geborgenheit: Sie bieten Orientierung, Verhaltenssicherheit und Meinungsunterstützung. Gruppen machen sicher, äußerlich wie innerlich. Das macht ihre Attraktivität aus und läßt Menschen zum Teil skurrile Verhaltensweisen zeigen oder Eintrittsbedingungen akzeptieren, nur um dazu zu gehören.
Gruppen sind also kein neutraler Raum, in dem sich die Teilnehmer begegnen; Gruppen sind Lebensräume, die ihre Mitglieder prägen, äußerlich wie innerlich. Unterschiedliche Formen von Gruppen haben natürlich unterschiedlichen Einfluß auf ihre Mitglieder, aber dennoch: Gruppen prägen! Sie bieten Orientierung. Sie entlasten ihre Mitglieder in einer immer unübersichtlicher werdenden Zeit, indem sie ihnen helfen, das Interessante vom Uninteressanten zu unterscheiden, das Wesentliche vom Unwesentlichen, das Vorläufige vom Endgültigen.
Unsere christlichen Gemeinschaften müssen Lebensräume sein, in denen sich Menschen orientieren können. Es ist nicht die Frage, ob wir Menschen in unseren Gruppen, Vereinen oder Gemeinden prägen, sondern immer nur, wie wir auf sie einwir-

ken. Uns muß bewußt sein, ob das, was wir an Unterscheidungsmerkmalen zwischen interessant / uninteressant, wesentlich / unwesentlich, vorläufig / endgültig vermitteln, vom Geist Jesu Christi und damit von der Bibel geprägt ist oder nicht.
Nun gibt es zwei Grundformen der Orientierung: Wegweiser und Landkarten. Der Unterschied ist markant: Wegweiser bleiben stehen, Landkarten gehen mit. Die Unbeweglichkeit der Wegweiser ermöglicht ihre Orientierungsfunktion; wer sie verrückt, verfälscht sie. Eine Landkarte dagegen ist beweglich, man kann sie immer wieder zu Rate ziehen, und einen Blick darauf werfen um sich neu zu orientieren. Die Landkarte zeichnet kein beliebiges Bild der Landschaft, das würde auch sie verfälschen, aber sie kann an beliebiger Stelle aufgeschlagen und zu beliebigen Zeiten genutzt werden. Sie ist da, sie geht mit, sie ist mit uns unterwegs.
„Vom Wegweiser zur Landkarte" sollten sich unsere Gruppen, Vereine, Gemeinden entwickeln – mitgehende Orientierung! Damit wir nah dran bleiben an den Menschen, ihren Fragen, ihren konkreten und oft verwickelten Lebenssituationen, und bereit bleiben, immer neu nachzudenken, was dran ist, wohin der Weg führt und was jetzt der nächste angemessene Schritt sein könnte. Unbewegliche Wegweiser-Orientierung verliert leicht den Kontakt zu den Menschen und zwingt sie – wenn sie dazu überhaupt bereit sind –, sich zu uns zu bewegen. Deshalb ist die Landkarten-Orientierung nötig, wenn Menschen nach dem Weg fragen und wir Christen ihnen helfen, ihren eigenen Weg zu finden, indem sie merken: Wir sind gemeinsam unterwegs. Wir nehmen nicht sichere Standpunkte ein, sondern wir lassen uns auf das Wagnis des Weges ein. Das Ziel ist unverrückbar, das Reich Gottes, die Landkarte, Gottes Wort, ist unverfälscht, und dennoch ist jeder Schritt eine Herausforderung, manchmal auch ein Risiko.
Orientierung ist notwendig, aber sie hat immer eine Vorgeschichte: Sie gelingt, wenn vorher Vertrauen entstanden ist, sich

Menschen angenommen fühlen und erfahren, daß sie dazugehören. Orientierung ist eingebunden in eine Geschichte, die Menschen miteinander teilen und in der sie aufeinander Einfluß nehmen. Deshalb wächst Orientierung von innen und läßt sich nicht durch Argumente oder Appelle von außen aufzwingen.

Engagement

Es gibt auf Dauer keine Zugehörigkeit ohne Engagement. Man will nicht nur unverbindlich beteiligt, sondern gebraucht werden. In einer Zeit, in der junge Menschen immer wieder erfahren, daß sie nicht unbedingt benötigt werden, weil Ausbildungsplätze knapp und Arbeitsplätze von anderen besetzt sind, ist es um so wichtiger, ihnen das Gefühl zu geben, nicht nur geduldet zu sein, sondern vielmehr gebraucht zu werden. Engagement stärkt den Zusammenhalt des einzelnen mit der Gruppe – und natürlich auch der Gruppe untereinander – und das Selbstwertgefühl. Es läßt den einzelnen erfahren, daß er wichtig ist für andere und zugleich, daß die anderen wichtig sind, damit er sich selbst einbringen und weiterentwickeln kann.
Dazu muß eine christliche Gemeinschaft viele unterschiedliche Möglichkeiten des Engagements bieten. Je mehr Möglichkeiten des Mitarbeitens geschaffen und angeboten werden und je mannigfaltiger sie sind, desto größer ist die Kontaktfläche für alle Beteiligten. Vielfalt ist unverzichtbar! Das entspricht den unterschiedlichen Begabungen der Teilnehmer, aber auch der Möglichkeit jedes einzelnen, sich weiterzuentwickeln, neue Gaben an sich selbst zu entdecken, Fähigkeiten auszubauen und Fertigkeiten zu erlangen, an die er bisher gar nicht gedacht hat. Eine christliche Gemeinschaft muß Raum geben zum Experiment, zum Ausprobieren, zur Erfahrung von Fähigkeiten und Grenzen – und nicht zuletzt: zum Lernen aus Fehlern!
Natürlich hat sich das Engagement in den letzten Jahren verändert: „Viele junge Leute engagieren sich sehr konkret, aber

projektbezogen."[16] Engagement ist von vornherein zeitlich begrenzt; Verlängerung möglich, aber nicht selbstverständlich. Die vertrauten Formen von Kontinuität schwinden rapide. Das führt dazu, daß Gruppen, Vereine, Gemeinden heute zerbrechlicher geworden sind als früher, zugleich aber auch flexibler. Starre Programme gehen leicht an den Bedürfnissen der Angesprochenen vorbei, vorgezeichnete „Mitarbeiterkarrieren" brechen vorzeitig ab, Kontinuität drückt sich nicht in langen Laufzeiten von Angeboten aus. Unsere Gruppen, Vereine und Gemeinden verändern sich nicht nur an der Oberfläche.

Deshalb ist es um so wichtiger, eine Vielfalt von Angeboten zu entwickeln, in denen sich Menschen engagieren können. Das macht die Gemeinschaft flexibler und schafft eine neue Form von Kontinuität: Es ist die Kontinuität der gemeinsamen Vision, der sich diese Gemeinschaft verpflichtet weiß und die sich in einer vielschichtigen, bunten, engagementfördernden Umgebung verwirklicht. Das gemeinsame Bild einer erhofften und zur Mitarbeit ermunternden Zukunft ist es, das die Gemeinschaft zusammenhält. Und weil dieses Bild bunt und vielfältig ist, muß man allen die Möglichkeit geben, ihren Beitrag mit ihrer eigenen Farbe und mit ihrem unverwechselbaren Pinselstrich zu leisten.

Ohne die gemeinsame Vision ist jedes einzelne Projekt nur ein Auslaufmodell ohne Anschluß. Aber ohne den Beitrag jedes einzelnen bleibt die gemeinsame Vision blaß – oder wird mit der Zeit grau und unattraktiv. Kontinuität und Flexibilität zu verbinden ist entscheidend für die zukünftige Entwicklung unserer Gemeinschaften. Es ist nicht damit getan, einzelne zum Engagement zu ermutigen. Es muß ihnen dieses Engagement erst einmal durch entsprechende vielfältige Angebote ermöglicht werden. Manche engagieren sich nicht deshalb, weil sie nicht wollen, sondern weil sie nichts finden, was ihnen ganz persönlich entspricht.

Hingabe

Keine Gemeinschaft kann auf Dauer existieren ohne Menschen, die hingebungsvoll leben. Die Hingabe einzelner ist das Herz jeder lebendigen Gemeinschaft. Zur Hingabe berufen sind alle Christen, dennoch wird es wie in jeder lebendigen Gemeinschaft Leute geben, die sich mit der gemeinsamen Vision noch intensiver identifizieren als andere und besondere Verantwortung übernehmen. Diese Menschen zu finden und zu fördern ist eine entscheidende Aufgabe der Verantwortlichen: Menschen entdecken, die nicht nur, wie alle anderen Engagierten, von der gemeinsamen Vision getragen werden, sondern die selbst diese Vision weitertragen.
Hingabe entsteht durch Resonanz. Das, was alle bewegt, was aber oft diffus und ungerichtet in der Arbeit mitschwingt, wird durch einzelne verstärkt, findet in ihnen einen Resonanzboden, der hörbar, sichtbar, verstehbar macht, was viele wollen, aber meist nicht ausdrücken können. Deshalb kann man Hingabe nicht einfordern, höchstens darauf einstimmen. Das heißt, wir versuchen, den „richtigen Ton" zu finden, der in den Mitgliedern einen Widerhall auslöst. Wir wollen sensibel werden für die Resonanz der Ziele, Pläne und Visionen, die in ihnen erzeugt wird. Und wir wollen aufmerksam werden für das Interesse, das tiefer geht als bei anderen. Hingabe hat ihre Zeit – und braucht ihre Zeit.
Hingabe markiert den Unterschied zwischen Mitarbeitern und Leitern. Kein Mitarbeiter ohne Engagement – kein Leiter ohne Hingabe! Aber setzt das nicht die Leiter unter besonderen Druck? Weil doch durch sie alles steht und fällt? Sind sie nicht gezwungen, standzuhalten, bloß nicht aufzuhören, wenn sie erst einmal in verantwortlicher Position sind? Wird Hingabe und Leiterschaft nicht zu einer Art Gefängnis, aus dem man guten Gewissens nie wieder entlassen werden wird?

Hier ist es wichtig zu unterscheiden: Hingabe und damit Leitung kann keine Eintagsfliege sein, sie kann ihrem Wesen nach nicht beliebig und kurzfristig angelegt sein. Andererseits bedeutet Leitung eben auch keine lebenslange Verpflichtung auf diese Aufgabe und Verantwortung. Leitung hat ihre Zeit – und damit auch ihre personale, kräftemäßige, zeitliche Begrenzung. „Einmal Leiter – immer Leiter" ist ein zwiespältiges Motto, das sich vor allem aus zwei Quellen speist: zum einen aus der Angst vor Umbrüchen und der damit verbundenen Unsicherheit, die sich zwangsläufig bei jedem Leitungswechsel ergibt; zum anderen aus dem fehlenden Vertrauen in die tragende Vision, der Zweifel daran, daß diese Vision immer wieder neu Menschen ergreift und zur Hingabe bewegt.
Solange die Vision einer Gemeinschaft lebt, solange wird nicht nur die Gemeinschaft selbst leben, sondern werden sich Menschen finden, die Verantwortung übernehmen! Leitung entsteht durch Resonanz und nicht durch Druck; Hingabe kommt von innen und wird nicht von außen bewirkt. Hier schließt sich der Kreis: Hingabe kann man nur durch Vertrauen fördern – alles andere degeneriert zum moralischen Druck, zur psychologischen Finesse. Wir brauchen das Vertrauen in die tragende Vision und das Vertrauen in die Menschen, die spüren, daß sie angesprochen sind und ermutigt werden, diesen Anspruch anzunehmen und Verantwortung zu tragen. Nicht nur am Anfang, erst recht hier im Zentrum der Gemeinschaft steht Vertrauen.

Prozeß

Das sind sechs Schritte, die aus Fremden Mitglieder machen sollen: Vertrauen, Annahme, Zugehörigkeit, Orientierung, Engagement und Hingabe. Sie bilden eine Brücke für die, die draußen stehen, eingeladen werden, sich beteiligen können und sich schließlich selbst ganz einsetzen. Dieser Prozeß

beginnt damit, daß Außenstehende die Vision einer christlichen Gemeinschaft wahrnehmen und Vertrauen schöpfen – und er führt dahin, daß sie schließlich selbst diese Vision leben und Brücken bauen für die, die noch draußen sind.
Eine ideale Brücke, ein beispielhafter Prozeß – sicherlich. Aber diese sechs Stichworte – in unumkehrbarer Reihenfolge! – können helfen, unsere Gruppen, Vereine, Gemeinden zu öffnen. Jedes Stichwort bezeichnet einen neuen Wegabschnitt, der zur Mitte führt, aber zugleich markiert es auch die verschiedenen Punkte, an denen dieser Öffnungs- und Einladungsprozeß scheitern kann.
Es ist wichtig, unsere Arbeit als Prozeß zu sehen, nicht als Zustand. Das bewahrt uns davor, uns selbst und die anderen festzulegen und fordert uns heraus, selbst neue Wege zu gehen und andere auf ihren Wegen zu begleiten. Christliche Gemeinschaft lebt weniger in dem, was sie im Augenblick ist, als von dem, was sie um Gottes Willen werden kann. So einen Weg idealtypisch zu beschreiben und überschaubar zu machen, war das Ziel dieser Überlegungen.

***Holger Noack**, Jahrgang 1957, genau so alt wie der Sputnik, überzeugter Lipper, da in Lemgo geboren, glücklich verheiratet mit Sabine, drei Söhne (streßig) = Familie (toll), keine Haustiere, aber drei Gitarren und eine größere Anzahl Bücher (vierstellig), gelernter Pastor, deshalb acht Jahre Gemeindepfarrer, ist seit 1994 praktizierender Bundessekretär für Mitarbeiterbildung im CVJM-Westbund.*

Zum Weiterdenken

Die Aufgabe der Gemeinschaft	Die Person, die angemessen angesprochen werden soll	Klippen, an denen der Prozeß scheitern kann	Fragen, die sich die Angesprochenen stellen	Fragen, die sich die Gemeinschaft stellen sollte
Vertrauen schaffen	potentieller Gast			
Annahme erfahren lassen	Gast			
Zugehörigkeit sichtbar machen	Teilnehmer			
Orientierung vermitteln	Mitglied			
Engagement ermöglichen	Mitarbeiter			
Hingabe fördern	Leiter			

9 Sag's doch einfach

Das Evangelium von Jesus weitergeben

Stellen wir uns vor, Jesus wäre mit seiner Frage an Petrus „Und was sagt ihr, wer ich bin?" (Mk 8,29) auf einen theologisch geschulten Menschen getroffen. Dann hätte die Antwort vielleicht gelautet: „Du bist die heilsame Unterbrechung des autonomen Menschen, die Aufhebung des homo incurvatus in se, die Inkarnation des Pro me Gottes und die prophetische Prolepse der neuen Schöpfung."

Natürlich würde keiner von uns versuchen, Jugendlichen mit einer solchen Beschreibung klarzumachen, wer Jesus ist. Aber manche Andacht oder Predigt dürfte in den Ohren von Jugendlichen, die nicht christlich vorgeprägt sind, ähnlich unverständlich klingen. Ich erinnere mich noch deutlich an die Zeit, in der ich als Pastor im Hilfsdienst Konfirmanden einige Gesangbuchlieder nahebringen mußte. Eine besondere Hürde stellte die zweite Strophe von „Ich steh an deiner Krippen hier" dar: „Da ich noch nicht geboren war, da bist du mir geboren und hast mich dir zu eigen gar, eh ich dich kannt, erkoren. Eh ich durch deine Hand gemacht, da hast du schon bei dir erdacht, wie du mein wolltest werden" (Paul Gerhardt).

Die Schwierigkeiten, die die Jugendlichen dabei hatten, diese Worte in der richtigen Reihenfolge wiederzugeben, machten deutlich, wie unverständlich ihnen diese Worte waren. Oder ich denke an liturgische Stücke im Gottesdienst. Welcher Jugendliche würde bei dem Ausdruck „billig" nicht zuerst an Aldi und Sonderangebote denken.

In einem Osternachtsgottesdienst, den ich miterlebte, wurde die Noah-Geschichte noch in alter Übersetzung gelesen: „Das Dichten und Trachten des Menschen ist böse von Jugend auf." Bei Dichten denkt man normalerweise an Goethe und Konsorten, bei Trachten an bayrische Lederhosen und Gamsbart. Daß

das etwas Böses ist, wird einem normalen Jugendlichen sicher sofort einleuchten. Wenn wir wollen, daß junge Leute einen Zugang zum Evangelium finden, dann müssen wir ihnen auch die Chance geben, etwas zu verstehen.
„Sag's doch einfach!" Das ist zunächst die Herausforderung, eine für Jugendliche verständliche Sprache zu sprechen. „Sag's doch einfach!" das ist aber auch die Aufforderung, sich auf die grundlegenden Dinge zu konzentrieren, das Wesentliche zur Sprache zu bringen, die Zusammenhänge darzustellen, auf die es ankommt und zunächst einmal zur Seite zu lassen, was die Sache verkompliziert. Das ist dann erst Stoff für Fortgeschrittene. Der Hebräerbrief unterscheidet die Milch, die Anfangsnahrung, die alles beinhaltet, was ein Mensch zum Leben braucht, von der festen Nahrung, die dann für weiteres Wachstum nötig ist (Hebr 5,12ff).
Im ersten Teil dieses Artikels möchte ich einige Gründe nennen, warum wir uns der Herausforderung stellen müssen, das Evangelium einfach zu sagen. Im zweiten Teil möchte ich dann einige Schritte anfügen, die Hilfen zur einfacheren Verkündigung sind.

Sag's doch einfach! Muß das wirklich sein?

1. Keine unnötigen Hindernisse für das Evangelium errichten

In den ersten Kapiteln des ersten Korintherbriefes macht Paulus deutlich, daß es nicht selbstverständlich ist, daß Menschen das Evangelium verstehen. Dies gilt besonders dem Kern des Evangeliums, der Botschaft von Kreuz und Auferstehung. Diese Botschaft entspricht nicht unseren menschlichen Erwartungen, sie steht quer dazu. Damit gibt es für die Verkündigung ein Problem. Dieses Problem hängt mit der Sache, mit dem Inhalt, zusammen. Das Evangelium entspricht nicht unseren Wünschen. Solche Wünsche könnten sein, uns durch Leistung etwas verdienen zu können[17] oder von Gott wegen unserer

Anständigkeit anerkannt zu werden. Das Evangelium mutet uns zu, daß Jesus zu unserer Rettung am Kreuz stirbt. Es muß also ein ziemlich großes Problem vorliegen, ein großes Hindernis uns von Gott trennen, wenn dieser Aufwand nötig ist, damit wir wieder mit Gott in einer heilen Beziehung leben können.
Auch Jesus stieß bei seiner Verkündigung durch Worte und Taten auf Unverständnis und Ablehnung. Dieses Unverständnis und diese Ablehnung hingen nicht damit zusammen, daß er so unverständlich gesprochen oder gehandelt hätte. Es hatte mit dem Inhalt zu tun. Die Fragen, die Menschen stellten, hießen nicht so sehr: „Was meint er wohl damit?", als vielmehr: „Wie redet der so? Er lästert Gott! Wer kann Sünden vergeben als Gott allein?" (Mk 2,7). Die Menschen stießen sich an seinem Anspruch, in Gottes Namen zu reden und zu handeln (Mk 3,1-6; 14,61-64). Wo man sich so an ihm und seinem Anspruch stieß und ihn ablehnte, wurden selbst die einfachen Geschichten, die er erzählte, zu Rätseln und bewirkten nicht Verständnis, sondern Ablehnung (Mk 4,10-12).
Es gibt also ein Verstehensproblem, das mit dem Inhalt des Evangeliums zusammenhängt und das wir in der Verkündigung nicht vermeiden können. Aber wir dürfen im Vorfeld nicht zusätzliche Hindernisse aufbauen, nicht unnötige Stolpersteine in den Weg legen. Daß Jesus zum Stolperstein werden kann, können und dürfen wir nicht vermeiden (Röm 9,32f). Aber unsere Verantwortung ist es, daß Menschen nicht über Steine im Vorfeld stolpern und gar nicht erst bis zu Jesus vordringen. Ob jemand das Evangelium annimmt oder ablehnt, das haben wir in der Verkündigung nicht in der Hand. Aber wir dürfen Menschen nicht daran hindern, mit dem Inhalt konfrontiert zu werden, weil sie gar nicht verstehen können, worum es geht. Darum ist es nötig, so einfach wie möglich zu sprechen.
Es ist eine Frage der Liebe, der Liebe zu Jesus Christus, ob uns wichtig ist, was ihm wichtig ist. Ihm ist wichtig, daß Menschen das Evangelium hören und gerettet werden. Es ist aber auch

eine Frage der Liebe zu jungen Leuten, ob wir uns Mühe geben, so verständlich wie möglich zu sprechen. Wir dürfen keine unnötigen Verstehenshindernisse aufbauen.

2. Nicht von falschen Voraussetzungen ausgehen

Wir dürfen nicht von einer Sachkenntnis ausgehen, die nicht vorhanden ist und auch nicht Fachbegriffe verwenden, die im Alltag nicht gebraucht oder dort anders verstanden werden. Ein Jugendreferent macht im Konfirmandenunterricht vor Weihnachten ein Quiz, in dem es um den Inhalt des Weihnachtsfestes geht. Ein Junge meldet sich zu Wort. „Können Sie mir bitte an einer Stelle helfen? Ich vertue mich immer mit dem Ort, an dem Jesus geboren wurde. War es Mekka oder Medina?" Die Geschichte findet eine überraschende Fortsetzung am Elternabend. Als der Mitarbeiter diese Begebenheit erzählt, lacht keiner in der Gruppe.

Wir dürfen nicht mehr davon ausgehen, daß Jugendlichen die biblischen Geschichten und Inhalte vertraut sind. Natürlich gibt es junge Leute aus christlichen Familien oder solche, die einen guten Religions- oder Konfirmandenunterricht mitgemacht haben. Aber es gibt auch viele andere, die so etwas nicht mitbekommen haben. Auf diese müssen wir uns einstellen. Unsere Sprache muß auch für solche Jugendliche verständlich sein, die kein Vorwissen mitbringen, und unsere Verkündigung muß so grundlegend sein, daß solche Jugendliche zunächst einmal die zentralen und wesentlichen Inhalte verstehen.

3. Die Bibel macht es vor

Ein wesentliches Argument, warum wir einfach und verständlich reden sollen ist, daß uns die Bibel dazu anleitet. Jesus ließ sich auf die Vorstellungswelt und den Erlebensbereich der Menschen seiner Umgebung und seiner Zeit ein. Seine Geschichten waren aus dem Leben gegriffen. Er nahm Situatio-

nen auf, die die Menschen kannten (Landwirtschaft Mk 4; Arbeitswelt Mt 20,1-16; Erbrecht Lk 15,11ff; Umgang zwischen Feinden und Nachbarn Lk 11,5-8) und erklärte ihnen anhand dieser bekannten Dinge die Geheimnisse des Reiches Gottes. Was es mit diesem Reich an Besonderem auf sich hat, zeigt sich dann in den Abschnitten deutlich, die über das Bekannte hinausgehen (Mk 4,8; Mt 20,9ff; Lk 11,13).
Auch die Predigten in der Apostelgeschichte sind in Sprache und Inhalt verschieden. Sie richten sich auf die Gruppe von Menschen, die angesprochen werden sollen und nehmen auf, was sie verstehen können. Griechisch gebildete Heiden werden in ihrer Sprache angeredet (Apg 17,22ff) und werden mit bekannten Zitaten abgeholt (V. 28). An ihre Lebens- und Glaubensprägung wird angeknüpft (V. 22f), und dann wird ihnen in ihrer Sprache der biblische Glaube verkündigt. Vor Juden dagegen kann man auf die Volksgeschichte und das Alte Testament zurückgreifen (Apg 2,14ff; 7) und ihnen anhand dieser Beispiele das Neue sagen.
Ähnliches kann man beobachten, wenn man die verschiedenen Evangelien und andere Schriften des Neuen Testamentes vergleicht. Matthäus benutzt viele Bezüge zum Alten Testament. Das zeigt, daß er wohl zu Menschen spricht, die die Schrift kennen und die durch Schriftbeweise überzeugt werden können. Markus ist sparsamer mit solchen Bezügen. Jüdische Gebräuche werden erklärt, Zitate aus dem Alten Testament seltener gebraucht. Er schreibt also eher an heidenchristliche Leser.
Es geht darum, sich immer genau den Menschen verständlich zu machen, die man vor sich hat. Dazu muß man sich auf sie einlassen, so weit es irgend möglich ist. Paulus bringt es auf den Punkt, wenn er schreibt: „Den Juden bin ich wie ein Jude geworden, damit ich die Juden gewinne. Denen, die unter dem Gesetz sind, bin ich wie einer unter dem Gesetz geworden – obwohl ich selbst nicht unter dem Gesetz bin -, damit ich die,

die unter dem Gesetz sind, gewinne. Denen, die ohne Gesetz sind, bin ich wie einer ohne Gesetz geworden – obwohl ich doch nicht ohne Gesetz bin vor Gott ... damit ich die, die ohne Gesetz sind, gewinne. Den Schwachen bin ich ein Schwacher geworden, damit ich die Schwachen gewinne. Ich bin allen alles geworden, damit ich auf alle Weise einige rette" (1 Kor 9, 20-22). Wer sich so auf Menschen einläßt, muß ihre Sprache sprechen. Die Herausforderung für uns heißt, den Jugendlichen wie ein Jugendlicher zu werden, ihnen so nahe zu kommen, daß sie eine reelle Chance haben zu verstehen, was wir sagen wollen.

Sag's doch einfach! – Aber wie?

In diesem Abschnitt möchte ich Schritte zur Verkündigung in verständlicher Sprache aufzeigen. Dabei muß ich mich auf einige Grundlinien beschränken.[18]

1. Mit den Ohren eines Jugendlichen hören
Ein erster Schritt, um einfacher und verständlicher zu sprechen, ist, sich einmal vorzustellen, wie wohl ein christlich nicht „vorbelasteter" Mensch bei einer Andacht, Bibelarbeit oder Predigt zuhört. Ich erinnere mich, wie wir uns als Studenten manchmal einen Sport daraus machten, uns beim Übersetzen von hebräischen Texten typische biblische Redewendungen wörtlich vorzustellen, so wie man es eben tut, wenn man mit einem Bild nicht vertraut ist. Immer wieder tauchte da die Redewendung auf: „Und er hob seine Augen auf und sah." Natürlich wußten wir, was gemeint war. Aber es kann eine Hilfe sein, einmal bewußt unwissend an Aussagen über das Evangelium heranzugehen. Wer sich für typische Floskeln, unverständliche Aussagen oder auch unnatürlichen Tonfall sensibel machen lassen möchte, sollte z.B. auf die Feststellung eines 18jährigen hören, der sagt: „Es wird immer gesagt, man feiert einen Got-

tesdienst. Das ist nicht das, was ich unter Feiern verstehe! – Ich kann mir nicht vorstellen, daß ich in einen Gottesdienst gehe, um mich zu amüsieren."

Um nur einige, wahrscheinlich bekannte Beispiele von Redewendungen zu nennen, auf die wir aufmerksam werden sollten: Was werden Außenstehende etwa bei Ausdrücken wie „Fleisch" oder „sein Leben Jesus übergeben" denken? Wird ihnen bei „sündigen" etwas andres einfallen als die drei Stück Sahnetorte, von denen gewichtsbewußte Frauen sprechen, wenn sie bekennen, daß sie wieder mal „gesündigt" haben? Vielleicht denken sie auch noch an den Bereich der Sexualität und den Straßenverkehr. Aber ist das der Kern dessen, was wir meinen, wenn wir von „Sünde" sprechen? Wohl kaum.

2. Alltagssprache sprechen

Wenn wir nicht wollen, daß Jugendliche erst einen Kurs „Kanaanäisch für Anfänger" oder „Lutherdeutsch für Fortgeschrittene" machen sollen, auch wenn entsprechendes Kursmaterial vorhanden ist[19], müssen wir uns bemühen, den Inhalt, um den es uns geht und der uns wichtig ist, in derselben Sprache weiterzusagen, in der wir auch sonst sprechen. Ich habe mich gefragt, warum Menschen, wenn sie vom Evangelium reden, wenn sie von Gott, Jesus und Glauben sprechen, in eine andere Sprache und einen anderen Ton verfallen. Könnte es sein, daß das ein Anzeichen dafür ist, daß man sein Leben insgesamt in verschiedene Bereiche trennt und der Bereich des Alltags eben unterschieden ist vom Bereich des Glaubens? Wie könnte es sonst sein, daß es uns schwer fällt, vom Glauben in unserer normalen Sprache zu reden, wenn er doch gerade im Alltag gelebt und bewährt sein will?

In der Schweiz wurde früher in den Gottesdiensten wie in der Schule nur Schriftdeutsch, nie Dialekt gesprochen, obwohl für jeden Schweizer der Dialekt die Muttersprache und das Schriftdeutsche (wie man das Hochdeutsch dort nennt) die erste zu

erlernende Fremdsprache ist. Wenn man die Bibel nie in der eigenen Sprache hört, besteht die Gefahr, daß ihr Inhalt ein Fremdkörper bleibt. Inzwischen gibt es Gottesdienste und Bibelabende, die im vertrauten Dialekt gehalten werden. Das ist ein sinnvoller Vorgang, wenn deutlich werden soll, daß es beim Christsein um das alltägliche Leben geht.
Schon Luther sprach leidenschaftlich von der Notwendigkeit, wirklich deutsch zu reden; und was deutsch war, dafür waren die Menschen auf der Straße und dem Markt Experten. In seinem Brief vom Dolmetschen von 1530 schreibt er: „Man muß nicht die Buchstaben in der lateinischen Sprache fragen, wie man deutsch reden soll, wie diese Esel tun; sondern man muß die Mutter im Hause, die Kinder auf der Gasse, den einfachen Mann auf dem Markt danach fragen, und denselben aufs Maul sehen, wie sie reden, und danach übersetzen, so verstehen sie es denn, und merken, daß man deutsch mit ihnen redet."[20]
Auch wenn Luther durch seine Bibelübersetzung die deutsche Sprache als einheitliche Sprache mitgeschaffen hat, darf man nicht M. Luther fragen, wie man heute mit Jugendlichen deutsch reden soll. Das muß man auch heute im Alltag hören. Darum stellt sich die Übersetzungsaufgabe in die deutsche Sprache heutiger Menschen neu. Klaus Haacker spricht über die Aufgabe der Bibelübersetzung von einem Auseinanderklaffen der Benutzerkreise des biblischen Textes. „Grob skizziert, gibt es auf der einen Seite die mit kirchlichen Sprachgewohnheiten noch einigermaßen vertraute gottesdienstliche Gemeinde, auf der anderen Seite aber eine mehr oder weniger breite partizipierende Öffentlichkeit, für die die Bibel als Teil des deutschen Kulturerbes interessant erscheint. Dort, wo es einen staatlichen Religionsunterricht gibt, findet die Begegnung dieser kirchlich nicht gebundenen Öffentlichkeit mit der Bibel vorwiegend im Schulalter statt. Das hat zur Folge, daß dieser weitere Leserkreis der Bibel in sprachlicher Hinsicht die Umgangssprache von morgen spricht, während die praktizie-

rende Gemeinde die kirchliche Tradition und die Botschaft der Bibel in einer von Archaismen wimmelnden Sondersprache meditiert und memoriert".[21]

Aufgabe von Übersetzung ist es, beim Leser Reaktionen, Empfindungen und Assoziation auszulösen, wie sie der ursprüngliche Text in seiner Zeit hervorrufen konnte. „Das Interesse der Übersetzer hat sich jedoch heute verlagert, und zwar von der Form der Botschaft zur Reaktion des Empfängers auf die Botschaft. Was wir deshalb zu bestimmen versuchen, ist, inwieweit die Reaktion der Empfänger der übersetzten Botschaft mit der Reaktion der ursprünglichen Empfänger auf die Botschaft in ihrer Originalfassung wesentlich gleichwertig ist ...

Für den Übertragungsvorgang gelten folgende Prioritäten:

1. Um jeden Preis muß der Inhalt der Botschaft mit kleinstmöglichen Verlusten oder Verzerrungen übertragen werden. Der direkte begriffliche Inhalt der Botschaft hat den höchsten Vorrang.
2. Zweitens ist es sehr wichtig, die Nebenbedeutungen, die gefühlsmäßige Atmosphäre und Eindringlichkeit der Botschaft so gut wie möglich wiederzugeben ...
3. Wenn man bei der Übertragung von Inhalt und Gefühlswerten der Botschaft aus einer Sprache in die andere auch etwas von der Form bewahren kann, dann sollte man es tun. Aber unter gar keinen Umständen darf die Form Vorrang vor den anderen Aspekten der Botschaft erhalten."[22]

Was für die Übersetzungsarbeit im engeren Sinne gilt, hat auch Bedeutung für die Verkündigung. Bei der Verkündigung geht es ja um die Verlängerung der Übersetzung mit Erläuterungen und Anwendungen ins Leben des Hörers. Dabei muß es unser Ziel sein, natürlich und in unserer Alltagssprache zu sprechen. Allerdings muß unsere Sprache authentisch bleiben. Wer bestimmte Ausdrücke aus der Sprache von Jugendlichen im alltäglichen Gebrauch nicht benutzt, sollte vorsichtig sein, sie in der Verkündigung zu verwenden. Jugendliche sind sensibel für

Dinge, die nicht stimmig sind. Sie werden es einem 40jährigen nicht abnehmen, daß er haargenau ihre Sprache spricht. Sprache muß identisch mit dem sein, der sie spricht. Ich selbst habe es immer als peinlich und entlarvend empfunden, wenn Menschen von außerhalb versuchten, unseren Heimatdialekt zu sprechen: Ich dachte dann: „Rede doch, wie du es kannst." Anbiederung ist eher abstoßend, überwindet den Abstand nicht, sondern macht ihn im Gegenteil erst offensichtlich. Da kann es sinnvoller sein, statt selbst alles „cool" und „superaffengeil" zu finden, zu sagen: In eurer Sprache würde das jetzt heißen: „..." Damit macht man deutlich: „Ich weiß, was ihr meint und wie ihr redet, und ich kann das, was ich meine, auch darin ausdrücken, auch wenn es nicht meine Sprache ist."

Sprache ist immer Ausdruck einer Lebenswelt und einer Lebenssicht. Im Computerzeitalter passen Dinge eben nicht mehr einfach nur zusammen, nein, sie sind kompatibel. Weil sich in der Sprache auch Haltungen und Werte ausdrücken, muß man sorgfältig darauf achten, welche Worte geeignet sind, den Inhalt, den man transportieren will, zu tragen und welche ein solches Eigengewicht haben, daß sie den Inhalt zu stark verändern.

Als es in neutestamentlicher Zeit darum ging, die Liebe Gottes zu uns Menschen und die dadurch gewirkte Liebe von Menschen zu Gott und zu anderen Menschen in griechischer Sprache auszudrücken, wählten die Schreiber und Übersetzer nicht das gebräuchliche Wort „Eros". Das war ein Lieblingswort der Philosophen und bezeichnete das Streben nach Gutem, Wahrem und Schönem wie auch die „verlangende, begehrende, verzehrende Liebe zwischen Mann und Frau".[23] Der „Eros" ist für den Griechen aber auch etwas Dämonisches, „der Vernunft, Willen und Besonnenheit vergessen läßt bis zur Ekstase."[24] Darum wählten die Schreiber das Wort „Agape", das weniger gebräuchlich war, das keine genau bestimmte Bedeutung hatte und sich daher besser eignete, mit dem Inhalt gefüllt zu werden, der im Blick auf die Liebe Gottes wichtig war, wie: „voraussetzungslos, erwählend, treu, mitleidend ..." (vgl. 1 Kor 13 mit den Aussagen über den „Eros"). Von daher gehört es zum Bemühen um eine verständliche Sprache, daß man abwägen muß, welches Wort den Sinn transportieren kann, den es tragen soll. Ob z.B. ein Wort wie „superaffengeil" eine starke eigene Bedeutung mit sich bringt, die den Inhalt färben kann, oder ob es schon so abgeschliffen ist, um als Ausdruck einer Begeisterung über Gottes Liebe zu uns zu taugen, muß überlegt werden. In solchen Fällen muß man immer neu abwägen und entscheiden.

3. Fachwörter können nötig sein

Kein Beruf kommt ohne eine gewisse Fachterminologie aus. Der Computerfreak kennt sich aus mit Bits und Bytes, der alte Oberförster spricht von Läufen, Spiegeln und Lauschern und meint damit Körperteile von Wildtieren. Jeder Arzt kennt eine Menge schwerer Worte. Wie sollte die christliche Verkündigung da ganz ohne Fachbegriffe auskommen? Vielleicht kann man Worte wie „Gnade" oder „Sünde" doch nicht ganz durch andere Worte ersetzen. Wir sollten aber auf jeden Fall Umschreibungen und Erklärungen dafür parat haben. Denn wenn wir Fachworte benutzen, müssen wir auch in der Lage sein zu erklären, was wir damit meinen. Wir müssen z.B.„Sünde" erklären können als das Bestreben des Menschen, autonom sein zu wollen, über sich selbst bestimmen zu wollen ohne Gott, einschließlich all der Folgen, die das für uns und die Menschen hat, mit denen wir zusammenleben. Oder wir können vom Begriff der „Zielverfehlung" ausgehen und erläutern, daß es darum geht, daß wir die Bestimmung unseres Lebens, die heißt, daß wir mit Gott und anderen Menschen in einer heilen Beziehung leben sollen, verfehlt haben. Vielleicht kann man Sünde auch erklären als den Müll, der bei einem Leben ohne Gott und auf eigene Rechnung entsteht, der menschliches Leben gefährdet und vernichtet und der am

Kreuz endgültig entsorgt wurde. Diese Beispiele sollten nur andeuten, worum es geht: Wenn Fachbegriffe nötig sind, weil sie es kurz und zutreffend sagen, müssen wir wissen, was damit exakt gemeint ist und es umschreiben und erklären können.

4. Anschaulich sprechen

Als Kind wurde ich früh in Gemeinschaftsstunden mitgenommen. Die Ansprachen dauerten ca. 40 Minuten. Wenn der Prediger eine Geschichte als Beispiel erzählte, bekam ich auch als Kind etwas mit. Ein Prediger war besonders gut, er erzählte fast nur Geschichten. Manche Erwachsenen waren nicht ganz so begeistert, weil sie manche dieser Geschichten schon zu oft gehört hatten.

Geschichten, Bilder, Beispiele haben eine besondere Kraft. Sie sprechen unmittelbar an. Jesus benutzte gerne die unterschiedlichsten Bilder und Vergleiche. Von Metaphern über Gleichnisse bis zu Beispielerzählungen findet sich bei ihm viel Anschauungsmaterial. Das Haus auf dem Fels, der Weinstock, der verlorene Sohn, der gute Hirte, mit wenigen Worten kann man ganze Geschichten und komplette Bilder entstehen lassen, mit denen man aber auch eine deutliche Botschaft verbindet. Selbst Paulus, der für sein scharfes theologisches Denken bekannt und wegen seines komplizierten Schreibens berüchtigt ist, greift immer wieder auf Geschichten von Personen des Alten Testaments zurück. Da wird Abraham in einem ganzen Kapitel des Römerbriefes als Inbegriff der Rechtfertigung des Gottlosen geschildert (Röm 4). Paulus greift auch auf Bilder und Vergleiche aus dem Sport zurück, um zur Zielstrebigkeit und zur Ausdauer aufzurufen (1 Kor 9,24-27), oder er spricht vom Säen, Pflanzen und Begießen, wo es um die Gemeindegründung und ihren Aufbau geht, vom Fundament und dem Bau, der darauf errichtet wird. Er spricht vom Leib als dem Tempel des heiligen Geistes (1 Kor 6,19) und beschreibt die Gemeinde als Leib Christi (1 Kor 12 und 14).

Unsere Welt liefert uns jede Menge Anschauungsmaterial, das wir entdecken müssen und nutzbar machen können, um die Botschaft anschaulich werden zu lassen. Literatur, Liedtexte, Aussprüche, Witze, auch geschliffene Formulierungen helfen so zu sprechen, daß Menschen aufhorchen. Einfach zu reden bedeutet nicht, einfallslos und uninteressant zu sprechen. Einfach wird es da, wo ein Bild oder ein Vergleich leicht verständlich sind, wo sie die Erfahrungswelt des Hörers treffen und ihn mit Erfahrungen in Beziehung treten lassen, die in einem Bibeltext stehen. Auch Erfahrungen mit Glauben, Schuld, Vergebung im Leben des Verkündigers helfen den Zuhörern beim Begreifen dessen, was gemeint ist. Aber Achtung: Bilder und Beispiele müssen stimmen! Wenn zu ihrer zentralen Bedeutung Gesichtspunkte gehören, die nicht passen, sollte man besser ein anderes Bild wählen, um nicht zu verwirren, oder es muß ganz deutlich werden, welchen Aspekt man meint und welchen nicht.

5. Sich auf die zentralen Inhalte konzentrieren

Was sind eigentlich die Dinge, die jemand unbedingt wissen muß, um Christ zu werden und als Christ zu leben? Man kann ganze Bibliotheken mit Ausführungen über den christlichen Glauben füllen. Aber „was ist dir nötig zu wissen, daß du in diesem Trost selig leben und sterben mögest?" fragt schon der Heidelberger Katechismus von 1563. Die Antwort lautet: „Drei Stücke: erstlich, wie groß meine Sünde und Elend sei; zum anderen, wie ich von allen meinen Sünden und Elend erlöst werde; und zum dritten, wie ich Gott für solche Erlösung soll dankbar sein."[25]

Können wir in fünf Minuten einem Menschen verständlich sagen, was der entscheidende Inhalt des christlichen Glaubens ist? Fritz und Christian A. Schwarz bieten in ihrer „Theologie des Gemeindeaufbaus" eine Kurzformulierung des Evangeliums an. Sie lautet:

„Da ist Jesus wie ihn uns die Heilige Schrift bezeugt. Er hat für uns gelebt. Für uns ist er gestorben und auferstanden. Jesus ist die letzte, verbindliche Liebeserklärung Gottes an uns Menschen. Gott hat alles für uns getan. Jetzt sind wir dran. – Der Mensch ist Sünder. Vergebung der Sünden kann von uns nicht verdient werden. Sie ist Geschenk. Ein Geschenk kann nur angenommen werden. Wer dieses Geschenk Gottes annimmt und Jesus konkurrenzlos wichtig in seinem Leben werden läßt, der ist Christ geworden. – Der Christ wird sich zusammenschließen mit den Menschen, denen Jesus ebenfalls konkurrenzlos wichtig ist. In dieser Gemeinschaft der Schwestern und Brüder im gemeinsamen Hören und Beten, Feiern und Arbeiten wird er es im Leben und im Sterben drauf ankommen lassen können. Er steht auf festem Grund: Gott liebt mich. Gott liebt die Gemeinde. Gott liebt die Welt."[26]
Wie würden wir selber diese Botschaft des Evangeliums zusammenfassen?

6. Einfach reden will geübt sein
Auf einer Mitarbeiterfreizeit der Studentenarbeit ließen wir die Studierenden einmal selbst formulieren, was es mit dem Kreuz und der Auferstehung Jesu auf sich hat. Es fiel vielen schwer, das in verständlicher Weise zu tun.
Ob es dieser zentrale Inhalt des Evangeliums ist, ob es die Übersetzung von christlichen Fachbegriffen ist oder ob es darum geht, kurz zu erzählen, wie man Christ geworden ist und warum einen der Glaube an Jesus überzeugt, es ist gut, solche Dinge zu üben. Es hilft, einmal schriftlich einen Gedanken auszuformulieren und dann das Geschriebene kritisch zu lesen oder von jemand anderem lesen zu lassen. Das kann uns helfen, in einer Verkündigungssituation aus dem Stand einen solchen Baustein zu verwenden. Üben führt nicht zu künstlichen Formulierungen, sondern es hilft, sich einfach und verständlich auszudrücken.

Wir haben früher mit den „Vier geistlichen Grundsätzen" von Campus für Christus geübt, Gespräche zu führen. Auch wenn man nichts davon hält, anderen ein solches Heft vorzulesen, es hilft, sich die zentralen Aussagen des christlichen Glaubens vor Augen zu führen. Der nächste Schritt ist dann, das Evangelium selber mit eigenen Worten formulieren zu können.
Noch eine Anmerkung: Sich auf die wesentlichen Grundlagen zu beschränken bedeutet nicht, unerlaubt zu verkürzen oder zentrale Wahrheiten fallen zu lassen. Als wir auf einer Sommerfreizeit mit Studenten über die Bedeutung des Todes Jesu sprachen, mußte ich erst einen Gedankenausflug ins Alte Testament zum großen Versöhnungstag in 3. Mose 16 und zur Sühnebedeutung von Opfern machen und diese fremden Gedanken erklären, bis ein Student dann zu der Aussage kam: „Ach, so ist das. Das hatte ich noch nie so verstanden." Einfach verkündigen ist also nicht immer kurz, es ist aber zentral und verständlich. Bei dieser Aufgabe können wir durch Üben nur gewinnen.

7. Frei sprechen

Es gibt unter Studierenden die Frage: „Was ist eine Vorlesung?" Die Antwort lautet: „Eine Vorlesung ist eine Veranstaltung, bei der die Notizen vom Manuskript des Professors auf die Notizblöcke der Studierenden wandern, ohne dabei notwendigerweise das Gehirn eines der beiden zu berühren." Geschriebenes ist oft kompliziert. Wenn Geschriebenes vorgelesen wird, ist dies in der Regel anstrengend, monoton und ermüdend. Es ist gut, sich zu zwingen, Gedanken einmal schriftlich auszuformulieren. Es hilft zur eigenen Konzentration. Aber die Gedanken sollten frei vorgetragen werden, evtl. mit einem Notizzettel als Gedächtnisstütze. Nur, wenn man trotz des geschriebenen Manuskriptes frei damit umgehen kann, ist auch das möglich. Frei sprechen hat den Vorteil, daß man im Sichtkontakt mit den Gesprächspartnern sein kann und so wirklich zu ihnen spricht. Es hilft auch dem

Sprechenden, immer auf der Höhe des Gedankens zu sein. Frei sprechen hilft auch gegen Bandwurmsätze. Einfach verkündigen und frei sprechen gehören eng zusammen.

Verkündigung und Beziehung

In der Wendezeit lernte ich einen jungen Mann aus den neuen Bundesländern kennen. Er war säkular aufgewachsen und hatte keinen Bezug zum christlichen Glauben und auch fast kein Vorwissen. Er war in seinem Leben ein- oder zweimal in einem Gottesdienst gewesen. Auf der Suche nach Arbeit war er in eine Zeitungswerberkolonne geraten. Nachdem er den Ausstieg geschafft hatte, fand er Aufnahme und Hilfe bei einer christlichen Gruppe mit deutlich charismatischer Prägung. Er kam dort nach kurzer Zeit zum Glauben und beherrschte nach wenigen Wochen den ganz frommen Jargon. Er hatte einen Zugang zum Glauben gefunden ohne große Vorkenntnisse und trotz einer aus meiner Sicht unverständlichen insiderhaften Sprache.
Ist darum alles, was ich vorher über verständliche Sprache gesagt habe, falsch? Ich glaube nicht. Erstens hat der Mann eine Verkündigung erlebt, die einfach war, weil sie auf die Grundlagen zielte: Umkehr und eine neue Beziehung zu Gott und Leben aus der Kraft seines Geistes. Und er hatte Menschen erlebt, die glaubwürdig waren, die ihm geholfen hatten, eine neue Lebensgrundlage zu finden, Wohnung, Arbeit, Freunde. Er hatte Menschen erlebt, die lebten, was sie sagten und glaubten, und das hatte ihn überzeugt, trotz der fremden unverständlichen Sprache. Er hatte die Sprache Kanaans verkraftet, weil die Beziehung stimmte.
Das weist uns noch auf einen entscheidenden Punkt: Ob unsere Verkündigung auf offene Ohren trifft, hat damit zu tun, welche Beziehung wir zu den Menschen haben. Erleben sie uns als glaubwürdige Zeugen? Stehen wir mit dem, was wir leben, zu unseren Worten? Und wie stehen wir zu ihnen, mit denen wir

kommunizieren? Wenn die Beziehung stimmt, hält sie auch mal eine unverständliche Situation durch und lassen sich Menschen auch einmal auf einen längeren und mühsamen Weg ein.
Sag's doch einfach! Am sinnvollsten ist es, wenn wir eine verständliche Sprache sprechen, uns auf die grundlegenden Inhalte konzentrieren und uns dabei auf echte und tiefe Beziehungen mit Menschen einlassen. Daß Menschen dann auch von der Sache überzeugt werden und sich auf Jesus und ein Leben mit ihm einlassen, ist und bleibt immer noch das Wunder, um das wir nur bitten können, auf das wir aber hinarbeiten wollen.

***Christoph Dickel**, Jahrgang 1958, verheiratet mit Marlies, vier Kinder, lebt in Wuppertal, Jugendarbeit im CVJM in Wittgenstein, Theologiestudium in Wuppertal, Tübingen und Bern, Vikar und Pastor in Lüdenscheid, Reisesekretär der Studentenmission in Deutschland (SMD), ist seit 1996 Generalsekretär des CVJM-Westbundes.*

Zum Weiterdenken

1. Mit den Ohren der Jugendlichen hören
   Wo hören wir noch den O-Ton Jugendlicher?
   Was unterscheidet unsere Hörgewohnheiten von denen der Jugendlichen?

2. Alltagssprache sprechen
   Worin unterscheidet sich unser Alltag von dem der Jugendlichen?

Wo wird die notwendige Anpassung zur hindernden Anbiederung?

3. Fachwörter können nötig sein
   Welche biblischen Worte sind unverzichtbar? Wie können wir sie dennoch in die Sprach- und Lebenswelt Jugendlicher übersetzen?

4. Anschaulich sprechen
   Nutze ich alle Sinne, um etwas anschaulich (hörbar, spürbar, schmeckbar, sichtbar, riechbar) zu machen? Welche Worte, die auf „-heit, -keit, -ung" enden, tauchen bei mir immer wieder auf und liegen wie Felsbrocken im Fluß der Kommunikation? Wie kann ich diese steifen, unbeweglichen Begriffe wieder zu Geschichten oder Bildern verflüssigen?

5. Sich auf die zentralen Inhalte konzentrieren
   Wie läßt sich unser Glaube kurz, verständlich und ansprechend formulieren? Versuchen Sie es in vier Sätzen zu sagen?
   Welche Begriffe, die ich gerade gebraucht habe, muß ich noch weiter entfalten?

6. Einfach reden will geübt sein
   Gibt es bei uns die Möglichkeit, evangelistisches Reden einzuüben? Welche Vorbilder haben wir? Wieviel Zeit nehmen wir uns dafür?

7. Frei sprechen
   Habe ich Mut, einfach zu sagen, was mir wichtig ist?
   Wie ermutigen wir uns gegenseitig?
   Welche Erfahrungen habe ich schon damit gemacht?

10 Damit das Leben eine Richtung kriegt

Der Glaube als Lebensstil

Jesus hatte für eine Menge von über 5000 Menschen Brot beschafft. Die Begeisterung war grenzenlos. Einer, der den knurrenden Magen füllt, soll der König sein. Wer Brot gibt, der kann auch noch mehr. Davon sind die Leute am See Genezareth überzeugt. Sie rücken Jesus nicht mehr von der Pelle. Als er sich für einige Zeit zurückzieht, suchen sie ihn wie die Verrückten. Sie wollen ihn festhalten, ihn und seine Wunder. Als Jesus mit ihnen dann über die Konsequenzen der Nachfolge redet, kommt es zur Entscheidung. „Das ist eine harte Rede; wer kann sie hören?" (Joh 6,60), kontern die bis dahin begeisterten Leute.

Auf unser Thema bezogen wird deutlich, daß Nachfolge uns an die Grenzen unseres Menschseins bringt. Wir werden immer wieder merken, wie schwer es uns fällt, den Glauben und die Beziehung zu Gott mit unserem Leben und seinen Herausforderungen zusammenzubringen.

Ich denke mir, daß die Menschen damals ähnliche Gedanken wie uns heute beschäftigt haben:

* Wie lösen wir die Spannung auf zwischen unserem Wollen und dem, was uns tatsächlich gelingt?

* Reichen unsere Kräfte aus, diesem Gott treu zu bleiben?

* Soll Nachfolge ein lebenslanger Druck, eine tägliche, oft vergebliche Anstrengung sein, dem Willen Gottes entsprechend zu leben?

* Müssen wir stets Appelle an uns und die anderen richten, damit es mit dem verbindlichen Leben wenigstens in Ansätzen etwas wird? Dann doch lieber losgelöst von solchem Druck, nur sich selbst und seinen Maßstäben verantwortlich!

* Überfordern uns die Gebote nicht an vielen Stellen? „Du sollst, du mußt, du hast zu tun! ..."

Nachfolge ist anstrengend?

Ein ganzer Katalog von Verhaltensmustern und Verbindlichkeiten für Christen tut sich auf. Der macht angst und deshalb schieben sie ihn auf die Seite. Und geht es uns nicht oft auch so, daß wir uns nach den Freiheiten der Nichtglaubenden sehnen, die scheinbar ohne schlechtes Gewissen auf der Suche nach ihren Vorteilen in den Tag hineinleben?
Am Ende steht: „Von da an gingen viele seiner Jünger nicht mehr mit ihm!" Begeisterung und Faszination waren mit einem Schlag verflogen.
Dann stellt Jesus den zwölf Männern in seinem engsten Jüngerkreis eine entscheidende Frage: „Wollt ihr auch weggehen?" Dahinter steckt die Frage: „Ist es euch zu anstrengend, zu schwierig, auf meiner Seite zu stehen? Oder seid ihr bereit, euer Leben an mir zu orientieren und mich in euer Leben hineinfunken zu lassen, d. h. in einer Beziehung mit mir zu leben?"
Petrus redet für sich und seine Kollegen: „Herr, wohin sollen wir gehen? Du hast Worte des ewigen Lebens; und wir haben geglaubt und erkannt: Du bist der Heilige Gottes" (Joh 6,68f).
An diesen Worten wird deutlich, daß Petrus etwas ganz Entscheidendes erkannt hat. Ewiges Leben ist für ihn nicht nur eine zukünftige Perspektive, eine Vertröstung auf das Jenseits. In den Worten Jesu begegnet ihm eine andere Wirklichkeit, die seine Wirklichkeit aber scharf im Blick hat. Bei Jesus werden die Vorzeichen verschoben. Nachfolge ist kein geistliches Zirkeltraining, bei dem die Leistungen je nach Übungszeit ansteigen, sondern Leben in einem weiten Raum des Vertrauens, des Angenommenseins und der Wertachtung. Die „Worte des ewigen Lebens" haben mit meiner Lebenswirklichkeit zu tun. Sie eröffnen mir eine Chance, daß meine dunklen Seiten zur Sprache kommen können, daß mein Versagen und meine versiebten Chancen für Gott keine Katastrophen sind, daß ich dabei mein Gesicht nicht verliere, sondern mir täglich neu Chancen

gegeben sind. „Worte des ewigen Lebens“ reden von einer Beziehung, die mich lebensfähig macht, die nicht an meinem Versagen festhängt. Sie bleibt nicht stehen bei meinem oft vergeblichen Mühen, ein netter, freundlicher, die anderen ohne Hintergedanken liebender, täglich mit Elan die Bibel lesender, fromm und keusch blickender Mensch zu sein. „Worte des ewigen Lebens“ reden von der bedingungslosen Liebe Gottes, haben ihre Wurzeln in seiner Gnade und Barmherzigkeit. Das sind nicht statisch existierende Mechanismen, sondern verwandelnde Kräfte. Hier zeigt sich ein wesentlicher Unterschied zu denen, die sich von Jesus abwandten. Sie sahen die Forderungen losgelöst von der Beziehungsebene. Wo die Einladung zum Glauben, zum Halten der Gebote, zur Orientierung an Gottes Maßstäben ohne das Beziehungsverhältnis zu Jesus gesehen wird, wird sie zur kalten Forderung und zum harten Gesetz. Eine Beziehung dagegen verändert den Blickwinkel und wirkt sich in das Handeln hinein aus. Unter dem Vorzeichen der Beziehung hören sich Gebote anders an: „Weil du eine Beziehung zu Gott hast, er der Herr, dein Gott ist, deshalb wirst du ihn ehren, den Feiertag heiligen, das Leben der anderen achten, nicht stehlen ...“ Petrus hat begriffen, daß die „Worte des ewigen Lebens“ keine Appelle und Durchhalteparolen sind, sondern das Bekenntnis der von Gott gewollten Beziehung zum Menschen. Wir unterliegen heute in unserem Leben oft dem geistlichen Irrtum, daß wir durch unser Bibellesen, Beten und Mitarbeiten Gott so bei Laune halten müßten, daß er die Beziehung zu uns nicht abbricht. Das Gegenteil ist der Fall. Erinnern Sie sich an die Geschichte des wartenden Vaters im Gleichnis vom verlorenen Sohn. Der Sohn geht weg, wandert aus, sucht sich seine eigenen Wege. Der Vater bleibt wartend in Verbindung mit ihm und ermöglicht ihm so den Weg zurück.

Wenn wir uns in unserem geistlichen Leben Druck machen, wird sich nicht viel ändern. Das Geheimnis liegt auf einer anderen Ebene. Petrus redet davon, daß aus dieser Beziehung heraus nicht er sein Leben und seine geistlichen Erfolge in den Griff bekommen muß, sondern daß Gott das Entscheidende tut. Er muß nicht ständig den Luftballon seiner Unmöglichkeiten und Schwierigkeiten, seiner Schuld und seines Versagens unter Wasser drücken und schauen, daß er ja nicht hoch kommt. Er kann die dunklen Seiten seines Lebens wahrnehmen, zulassen und sie Gott überlassen im Vertrauen, daß er sie verwandelt. „Verwandlung ist der Schlüsselbegriff für eine Spiritualität, die nicht versucht, alle Fehler und Schwächen in den Griff zu bekommen und möglichst alle Sünden zu vermeiden, die vielmehr darauf vertraut, daß Gott alles in uns verwandeln möchte, damit sein Licht und seine Herrlichkeit immer mehr in uns aufscheinen."[27]

Der Glaube kommt durch eigene Anstrengung nur schwer mit dem alltäglichen Leben zusammen. Hilfreich wird es dort, wo Gott selbst unsere Lebenswirklichkeiten mit seinen Möglichkeiten verwandelt und durchdringt. Dabei sind wir ganz nah an der Frage, welche Gottesbilder wir im Laufe unseres Lebens verinnerlicht haben.

* Glauben wir an den gnädigen Gott nur bis zum Tage unserer Entscheidung für ihn? Ist er danach nur noch der Herr mit den Argusaugen und dem erhobenen Zeigefinger, der akribisch über mein Leben wacht, damit ich ja auch schön brav und anständig bin?

* Ist Gott für uns derjenige, der letztlich kein Interesse an mir und meinen Bedürfnissen hat, sondern den ich als sein Geschöpf zu loben und anzubeten habe?

* Oder kann ich mich bei Gott ausruhen, mich wieder neu orientieren, meine Vergangenheit ordnen, ohne daß ich Angst haben muß, daß er mich straft?

Von der Antwort auf unser Gottesbild hängt entscheidend ab, wie echt und lebensnah Glaube und Leben zusammenkommen. Wenn ich Gott als einen kenne, den mein alltäglicher

Kleinkram etwas angeht, der um meine Wünsche, Sehnsüchte, Hoffnungen weiß, der mich als individuelles Teil seiner Schöpfung ansieht, dann kann ich mich gelassen auf mein Leben einlassen. Dann ist Gott für mich ein Verbündeter, der in die dunklen Regionen meines Lebens sein Licht hineinschickt. Wenn wir tatsächlich begreifen, was unser Kopf schon lange weiß, daß wir Augenblick um Augenblick von Gottes Gegenwart umgeben sind, daß unsere Schuld und unsere Sünde uns nicht von dieser Liebe trennen, dann können wir uns getrost loslassen, den Kampf gegen uns aufgeben und vertrauen, daß er verwandelt, neu macht, daß Glaube in unserem Alltag sichtbar wird.

So wird deutlich, daß geistliches Leben sich nicht in Formen pressen läßt und sich nicht nach einer für alle gültigen Norm ereignet. Gott geht mit jedem Menschen seinen Weg. Das nimmt den Druck von uns Mitarbeiterinnen und Mitarbeitern, als wären ausschließlich wir für das geistliche Leben unserer Gruppenmitglieder verantwortlich. Unsere Aufgabe ist, sie durch Verkündigung und Seelsorge zu dieser Beziehung zu Jesus zu ermutigen.

Doppelpunkt

Wenn Petrus am Ende bekennt: „Du bist Christus, des lebendigen Gottes Sohn“ (Mt 16,16) , dann wird deutlich, daß dieser Gott in Jesus Christus unter allen Umständen mit unserem Leben zu tun haben will. Er ist kein Gott der starren Ordnungen, sondern ein Gott, der sich individuell auf das Leben jedes einzelnen Menschen einläßt. Aus dieser Beziehung heraus entwickeln sich Maßstäbe für die Gestaltung des Lebens in der Nachfolge Jesu. Daß der Glaube ins Leben kommt, ist keine Frage der Methode, sondern der Haltung. Es kann keinen Katalog geben, wie man richtig als Christ lebt. Entscheidend bleibt, daß der Glaube auf eine Beziehung hin angelegt ist, in der ich ich bin – als Gottes geliebtes Gegenüber. Er geht mit mir seinen Weg, begleitet mich durch die Höhen und Tiefen. Meine Schwächen und Dunkelheiten halten ihn nicht von seinem Ja zu mir zurück. Er begleitet mich auf meinen Wegen und Umwegen.

Manchmal habe ich Angst,
meine Leben könnte nicht gelingen.
Ich bitte dich, mein Gott,
laß mich im Labyrinth dieser Welt
meinen Weg finden.
Mit geliehenen Gedanken,
mit einem übernommenen Glauben
kann ich nicht werden,
was du mit mir gemeint hast.

Meinen Weg suche ich,
auch wenn er sich nur mühsam bahnen läßt
und die Bequemlichkeit ausgetretener Pfade
zuweilen verlockt.
Gib mir die innere Festigkeit,
zu dem zu stehen,
was ich vor dir als richtig erkannt habe,
auch wenn ich unverstanden bleibe.

Gib mir den Mut,
mich von Altem zu lösen,
wo es seine Tragfähigkeit eingebüßt hat,
gebaute Zelte wieder abzubrechen,
wenn du mich weitergehen heißt,
Unbehaustheit zuzulassen,
bis neue Räume sich auftun.
Ein waches Herz erbitte ich,
das nicht menschlichen Ordnungen Gehorsam leistet,
wenn du aus ihnen herausrufst.

Ich weiß, Herr,
daß ich mich täuschen kann,
auch da, wo ich mich
von dir geführt glaube,
aber ich will den Irrtum nicht fürchten,
will nicht ängstlich stehenbleiben,
denn du begleitest und segnest meinen Weg,
wenn ich dich darum bitte.
Das Wagnis ist schön, mein Gott,
denn es läßt mich
auch über Umwege und Irrwege
nach Hause finden.[28]

Wie der Glaube ins Leben kommt

Im ersten Teil wurde deutlich, daß es nicht um einen Katalog an geistlichen Disziplinübungen geht, sondern wesentlich um die Frage nach der Beziehung von Gott zu uns Menschen. Offen bleibt nun, wie wir diese Ebene jungen Menschen begreiflich machen. Beziehungen sind kurzlebig geworden. Heute diese, morgen jene. Wir leben in einer Gesellschaft, die stets auf der Suche nach dem Optimum ist. Wir lassen uns alles offen, entscheiden uns in der letzten Sekunde für eine Sache, wenn klar ist, daß jetzt im Moment nichts Besseres mehr zu erwarten ist. Das wirkt sich in unsere menschlichen Beziehungen hinein aus. Wir melden uns erst im letzten Moment für ein Wochenende, eine Aktion an – es könnte ja noch etwas Besseres kommen ... In Sachen Freundschaft wird das besonders gravierend deutlich. Bei einem Gespräch auf einer Freizeit äußerten sich Mädchen dahingehend, daß sie zwar einen festen Freund haben, sie aber ständig die Augen offen halten, ob nicht noch etwas Besseres kommt. Die Jungen würden es genauso machen. Beziehungen werden halbherzig, sind abhängig von den jeweiligen Gefühlszuständen und den eigenen Vorstellungen. Beziehungen sind in die Krise geraten. Kinder erleben den Zerbruch ihrer Familien, Streit und Eifersucht machen Beziehungen schwierig. So bringen junge Menschen oft wenig positive Beziehungserfahrungen mit, die sich auch auf den Start und die Vertiefung des Glaubens auswirken. Auch wenn Beziehungen schwierig geworden sind und viele Enttäuschungen auszuhalten sind, spielt für junge Menschen die Frage nach verbindlichen Beziehungen trotzdem eine wesentliche Rolle. Die Angst vor dem Alleingelassenwerden sitzt jedem Menschen in den Knochen. „Ich will dazugehören, wahrgenommen, geachtet und angesehen sein!" Dieser Wunsch wird von vielen jungen Menschen geäußert, oft nicht verbal, sondern in ihren Haltungen. Da meldet sich ein Mädchen lieber nicht auf eine Freizeit in ihr Traumreiseland an, weil ihre Freundin nicht mitkommt. Sie könnte ja dort niemand finden, mit dem sie sich zusammenschließen kann. Alleine geht sie in keine Gruppe. Das Risiko, stehengelassen zu werden, beziehungslos zu sein, erscheint zu groß. Gerade in diese Situationen hinein kann die Einladung zum Glauben eine wichtige Rolle spielen. Hier geht es um das verbindliche Angebot Gottes, mit uns in Beziehung zu treten. Er hält uns die Treue, auch wenn wir untreu sind.

Thesen und Konsequenzen

* Die Einladung zum Glauben ist eine Einladung in eine dynamische Beziehung hinein, in der ich ich sein darf.
* Unsere Verkündigung kann nicht in Forderungskatalogen und moralischen Appellen enden.
* An unserem eigenen Leben soll transparent werden, wie unser Glaube sich durch Höhen und Tiefen hindurch gestaltet und wie für uns deutlich wird, daß Gott uns begleitet und trägt.
* Eine wichtige Sache ist die Überprüfung und Klärung der eigenen Gottesbilder und ihrer Konsequenzen. Wenn ich selbst nicht an einen befreienden Gott glauben kann, kann ich auch nicht von ihm reden.

* Wir leben als Mitarbeiterinnen und Mitarbeiter vom Vertrauen, daß Gott mit jedem Menschen seinen Weg geht und mit ihm ans Ziel kommt. Deshalb brauchen wir keinen Druck zu machen – den jungen Menschen nicht und uns ebenfalls nicht.
* Wir müssen wahrnehmen, was junge Menschen in ihren Beziehungen bewegt, welche guten Erfahrungen sie mitbringen, aber auch welche Ängste, Sorgen und Vorbehalte sie bewegen.

Ideen und Anregungen zur Umsetzung

1. Die Beziehungsebenen biblischer Texte sichtbar machen
Biblische Geschichten können langweilig und öde sein. Es sind eben uralte Texte, und die berichteten Ereignisse haben sich in ganz anderen Lebenszusammenhängen und gesellschaftlichen Umständen abgespielt. Schnell steht die Frage im Raum: „Was hat das mit uns heute zu tun?" Für die Verkündigung ist wesentlich, die Ereignisse von damals in unsere Wirklichkeit heute hinein zu übersetzen. Das geschieht durch das Herausstellen der Beziehungen und Begegnungen in diesen Texten. Wenn deutlich wird, was beispielsweise die Begegnung mit Jesus im Denken, Fühlen und Handeln mit einem Menschen macht, werden die dürren Texte lebendig. Das erfordert etwas Arbeit und Einfühlungsvermögen für die biblischen Texte, was sich aber lohnt. So lassen sich plötzlich Linien von den Texten der Bibel in unser Leben heute ziehen. Dann ist Bartimäus nicht ein blinder Bettler vor 2000 Jahren, sondern wird zum Spiegelbild für meine eigenen Blindheiten, Hoffnungen und Sehnsüchte.

2. Junge Menschen ermutigen, ihre eigenen Gedanken, Gefühle und Widersprüche ernst zu nehmen und auszuhalten
Das macht folgende Geschichte vom „Betenden Gaukler" treffend deutlich:

Es war einmal ein Gaukler, der tanzend und springend von Ort zu Ort zog, bis er des unsteten Lebens müde war. Da gab er alle seine Habe hin und trat in das Kloster zu Clairvaux ein. Aber weil er sein Leben bis dahin mit Springen, Tanzen und Radschlagen zugebracht hatte, war ihm das Leben der Mönche fremd, und er wußte weder ein Gebet zu sprechen noch einen Psalter zu singen.
So ging er stumm umher, und wenn er sah, wie jedermann des Gebetes kundig schien, aus frommen Büchern las und mit im Chor die Messe sang, stand er beschämt dabei: Ach, er allein könne nichts. „Was tu ich hier?" sprach er zu sich, „ich weiß nicht zu beten und kann mein Wort nicht machen. Ich bin hier unnütz und der Kutte nicht wert, in die man mich kleidete!"
In seinem Gram flüchtete er eines Tages, als die Glocke zum Chorgebet rief, in eine abgelegene Seitenkapelle. „Wenn ich schon nicht mitbeten kann im Konvent der Mönche", sagte er vor sich hin, „so will ich doch tun, was ich kann." Rasch streifte er das Mönchsgewand ab und stand da in seinem bunten Röckchen, in dem er als Gaukler umhergezogen war. Und während vom hohen Chor die Psalmgesänge herüberwehen, beginnt er mit Leib und Seele zu tanzen, vor- und rückwärts, links herum und rechts herum. Mal geht er auf seinen Händen durch die Kapelle, mal überschlägt er sich in der Luft und springt die kühnsten Tänze, um Gott zu loben. Wie lange auch das Chorgebet der Mönche dauert, er tanzt ununterbrochen, bis ihm der Atem verschlägt und die Glieder ihren Dienst versagen.
Ein Mönch war ihm aber gefolgt und hatte durch ein Fenster seine Tanzsprünge mit angesehen und heimlich den Abt geholt. Am anderen Tag ließ dieser den Bruder zu sich rufen. Der Arme erschrak zutiefst und glaubte, er solle des verpaßten Gebetes wegen bestraft werden. Also fiel er vor dem Abt nieder und sprach: „Ich weiß, Herr, daß hier meines Bleibens nicht ist. So will ich aus freien Stücken wieder ausziehen und in Geduld die Unrast der Straße wieder ertragen." Doch der Abt neigte

sich vor ihm, küßte ihn und bat ihn, für ihn und alle Mönche bei Gott einzustehen: „In deinem Tanze hast du Gott mit Leib und Seele geehrt. Uns aber möge er alle wohlfeilen Worte verzeihen, die über die Lippen kommen, ohne daß unser Herz sie sendet.“[29]

Der Abt übernimmt in der Geschichte eine wesentliche Vorbildfunktion. Er stellt seine eigenen Vorstellungen vom mönchischen Leben und die Strenge der Ordensregel hinten an. Er wendet sich ganz dem Gaukler zu, deutet sein „abtrünniges, regelwidriges Gebet“ um und verleiht ihm dadurch Gewicht. So wird dem Mönch die Rückkehr ermöglicht. Der Tadel und die Belehrung hätten ihn ausgegrenzt.

3. Mit jungen Menschen nach Symbolen suchen

Symbole wie Kreuz, Licht, Weg oder Taube sind Sinnzeichen des Glaubens. An ihnen werden Glaubensinhalte und Glaubenserfahrungen sichtbar. Sie drücken in einem Zeichen aus, was mit vielen Worten nicht gesagt werden kann. Sie wollen erinnern, wachhalten und deuten, was der Glaube in unserem Leben bewirken kann.

Ein Jugendlicher schreibt: „Das Kreuz ist mir erhalten geblieben. Als ich es zum ersten Mal aufhängte, wußten meine Freunde, die zu mir kamen und es sahen, worum es ging: um gemeinsames Osternfeiern, einen begeisterten Glauben und ein engagiertes Bekenntnis. Mittlerweile ist das Kreuz dreimal mit mir umgezogen, und die Freunde, die heute zu mir kommen, sind andere. Sie sehen dieses Kreuz, wundern sich, stellen Fragen, kritisieren und protestieren.

Sollte ich eines Tages einmal keine Argumente für dieses Kreuz mehr haben, dann weiß ich jetzt schon, daß ich dann immer noch sagen kann: Es ist mir heilig.“

Dieser Text macht deutlich, was Symbole für junge Menschen sein können:

* Orientierung
* Bekenntnis
* Anstoß für das Gespräch
* Wissen, es gibt mehr, als wir sehen.

Im gemeinsamen Gespräch über Bibeltexte, im Austausch über eigene Fragen und Zweifel, im Nachdenken darüber, was unser Leben trägt, können Symbole gefunden werden, die für einzelne und eine Gruppe eine Bedeutung erlangen. Vielleicht ist es eine Kerze, ein zusammengebundenes Kreuz aus einfachen Zweigen, eine modellierte Taube, ein Stein, ein Würfel, ein Samenkorn, ein Tuch, eine Kette ...

4. Mit jungen Menschen das Leben und den Glauben feiern

Der große Mönchsvater Antonius lebte mitten in seiner Mönchsgemeinde am Rande der oberägyptischen Wüste. Einmal hatte er seine Mönche um sich versammelt, nicht zum Gebet, nicht zur Buße, nicht zum Gottesdienst, sondern einfach zu einem geselligen Beisammensein, zu einem gemütlichen Plausch. Da kommt ein Jäger vorbei und wundert sich: „Da sieht man es mal wieder, typisch Mönche, stehen faul herum und arbeiten nicht." Antonius kommt mit ihm ins Gespräch und fordert ihn auf, einmal seinen Bogen zu spannen. Der Jäger gehorcht. „Viel zu wenig!" ruft Antonius, „noch mehr spannen!" Der Jäger folgt der zweiten und dritten Aufforderung, dann weigert er sich: „Wenn ich den Bogen noch mehr spanne, zerbricht er!"

- „Genauso ist es mit dem Menschen", sagt Antonius, „wenn er seine Kräfte übermäßig anspannt, dann zerbricht er. Er muß entspannen, um anspannen zu können."[30]

Beziehungen ereignen sich im gemeinsamen Feiern und Ausruhen. Gottesdienste und Feste gehören gleichermaßen dazu. Es ist zu beobachten, daß junge Menschen heute offener sind für liturgische Formen und sakrale Räume. Abendgebete in Kirchen und Kapellen, die Einrichtung eines Andachtsraumes in

einem Jugendhaus, Zeiten der Stille und des Nachdenkens bieten viele Möglichkeiten, Glauben auf der Ebene der Gefühle und Sehnsüchte zu erfahren. Junge Menschen werden sensibel für die Begegnung mit Gott.
Zum anderen gehören spritzige Feste dazu. Wenn wir den Festkalender im alten Israel anschauen, dann merken wir, wie stark das geistliche Leben des Volkes von den Festen geprägt war. Sie waren Erinnerung an die Erfahrungen des Volkes mit Gott. So wurde die alte Erfahrung im Feiern zur Gegenwart und zur Ermutigung: Gott handelt auch heute. Die Feste waren ein Teil der „Worte des ewigen Lebens". In Festen kann für junge Menschen heute sichtbar werden, daß Gott es gut mit uns meint.

5. Junge Menschen in die eigene Verantwortung entlassen
Die Zeit der Pubertät ist eine Phase der Ablösung, des Selbständigwerdens und der Neuorientierung. Das stellt im Leben eines jungen Menschen eine Krise dar. Alte Sicherheiten und Lebensentwürfe fallen plötzlich weg. Das drückt sich oft in aggressivem Verhalten und einer bewußten Antihaltung aus. Gleichzeitig besteht eine große Sehnsucht nach Nähe, Orientierung und Geborgenheit. In der Ablösungsphase vom Elternhaus sind Menschen nötig, die ein offenes Ohr für sie haben, sie ernst nehmen und begleiten. Das heißt nicht, daß man vor den Attacken junger Leute verschont bleiben würde, aber an unserer Grundhaltung ihnen gegenüber muß deutlich sein, daß wir ihnen etwas zutrauen. Wir können ihnen ihre Entscheidungen nicht abnehmen. Wir können sie unterstützen, doch leben müssen sie letztlich allein. In unserer momentanen Situation ist das keine einfache Sache. Die Zukunft ist bedroht. Trotz aller propagierten Chancen und Möglichkeiten ist der Raum enger geworden. Wo junge Menschen in ihrem Glauben an Jesus Christus einen Halt finden, werden sich gerade die schwierigen Situationen leichter bewältigen lassen.

Schlußbemerkung

Die Frage, wie der Glaube ins Leben kommt, ist am Ende dieses Abschnittes nicht beantwortet. Es liegt ein Geheimnis darin, wie für uns als Mitarbeiterinnen und Mitarbeiter und für die jungen Menschen, mit denen wir unterwegs sind, der Glaube zu einem Halt, zu einer Orientierung und zur Lebenshilfe wird. Es bleibt abhängig vom Handeln Gottes in unser Leben hinein. Entscheidend ist, daß wir an der Beziehung zu Jesus dranbleiben – ehrlich vor uns selbst – voller Vertrauen in seine Zusage: „Ich lasse dich nicht los."

***Alma Ulmer**, Jahrgang 1961, nicht verheiratet, Ausbildung an der Bibelschule des Diakonissenmutterhauses in Aidlingen, zuerst Gemeindediakonin in Neckartenzlingen, dann Bezirksjugendreferentin in Evang. Jugendwerk Bezirk Besigheim, ist seit 1995 Referentin für Mädchenarbeit und „Pro Teens" im Evang. Jugendwerk in Württemberg.*

Zum Weiterdenken

1. Die Beziehungsebenen biblischer Texte sichtbar machen: Welche Texte fallen mir ein bei Stichworten wie „Pessimismus", „Spaß", „Unsicherheit", „Freundschaft", „Ausprobieren", „Verschwiegenheit", „Selbstbewußtsein"?

2. Junge Menschen ermutigen, ihre eigenen Gedanken, Gefühle und Widersprüche ernst zu nehmen:

Wie reagieren wir auf Widerspruch und Widersprüchlichkeit?
Mit welchen Reaktionen junger Leute können wir umgehen? Was fällt uns schwer?

3. Mit jungen Menschen nach Symbolen für den Glauben suchen:
Symbole, Sinnzeichen des Glaubens, bedeuten Orientierung, Bekenntnis, Anstoß zum Gespräch, Wissen, es gibt mehr als wir sehen. Welche frischen, unverbrauchten Symbole fallen uns ein, um miteinander ins Gespräch zu kommen?

4. Mit jungen Menschen das Leben und den Glauben feiern:
Wie können wir gemeinsam liturgische Formen finden, formen und feiern?
Wie werden säkulare Räume zu sakralen Räumen? Wie weist das Alltägliche über sich hinaus auf das Heilige?

11 Das machen wir jetzt selbst – und was ist mit den Älteren?

Damit Jugendliche Verantwortung übernehmen

Genau! Das machen wir jetzt selbst! Das war immer ein Kennzeichen des Jugendalters. Junge Menschen beginnen, ihr Leben selbst in die Hand zu nehmen. Sie versuchen eigenständig zu bestimmen, wo's hingehen soll. Es fragt sich bloß, ob sie das mit und im CVJM tun, und vor allem, ob sie es mit und für Jesus tun. Das Zauberwort der Jugend heißt: „selbst" – ob mit oder ohne CVJM, ob mit oder ohne die Älteren. Dieser Aufsatz soll ein paar Tips geben, wie es heute gelingen kann, daß Jugendliche im CVJM selbständig Jesus nachfolgen und was Ältere im CVJM dazu beitragen können.

Engagement und Verantwortungsübernahme bei jungen Menschen heute

1. Zwei Beispiele

Unter der Überschrift „Generation@" hat Frank Schüre in der Wochenzeitung „Die Zeit" vom 5. 9. 1997 eine Buchbesprechung geschrieben. Das Buch ist von Johannes Goebel, Jahrgang 1968 und Christoph Clermont, Jahrgang 1970, beide aus Berlin. Es trägt den Titel „Die Tugend der Orientierungslosigkeit".

Daraus zunächst ein Zitat von Christoph Clermont: „Es gibt zwei Möglichkeiten im Leben: Entweder schafft man sich seine eigene Biographie oder man leiht sich eine. Dann trete ich in eine Partei ein, in einen Konzern, in die Gewerkschaft. Das gibt so ein ‚Ich von der Stange', ein Leih-Ich – das ‚Fertighaus-Ich'. Dieses Modell ist sehr unpopulär. Das kriegen Parteien und Gewerkschaften zu spüren – und die Kirche auch – man steht heute doch mehr auf eigene Architektur."

Frank Schüre ergänzt: „Sie jobben in der Videothek, auf Tankstellen und in Schnellimbissen, servieren in Biergärten und Szenenkneipen, verdienen ihr Geld als Familienhelfer und Postsortierer. Sie pendeln zwischen den verschiedensten Studiengängen und landen abgebrochen, halb fertig, aber total flexibel bei Computerfirmen, Werbeagenturen und anderen Jungunternehmen."

Und Johannes Goebel, Mitarbeiter einer Werbeagentur, schreibt: „Man lernt unterscheiden und auswählen und sich selbst dabei in den Mittelpunkt stellen. Wenn um mich die Dinge in einem amorphen Chaos zerfließen, gibt es immer noch ‚Ich'. Aus dem ganzen Brei der Empfindungen, Bilder und Zeichen kann es sich etwas heraussuchen. Man bastelt nicht nur eine Biographie, man bastelt ein inneres Selbst."

Als Brückenschlag in unsere CVJM-Praxis ein harmloser Smalltalk mit Thomas: Thomas ist zwar junger Erwachsener, aber ich bin überzeugt, ein Jugendlicher und die meisten Erwachsenen hätten genauso gesprochen. Es ging um einen Schulungstag für Jugendevangelisation. Thomas sagte: „Ich hab gewußt, daß ihr wieder den Jugend-Evangelisationstag (JET) machtet. Ich hab's irgendwo gehört oder gelesen. Das ist gut so. Ich wär' vielleicht auch gekommen. Aber keiner von euch hat mich angesprochen. Da dachte ich, daß die Sache auch gut ohne mich abgeht."

Der Generation@-Artikel und das kleine Gespräch mit Thomas zeigen für mich Typisches für junge Leute von heute. Sie zeigen, warum Junge und Erwachsene heute vielleicht nicht weniger, aber anders zur Verantwortungsübernahme bereit sind als vor 20 oder 30 Jahren.

2. Das Neue in der Gegenwartskultur

Neu sind die riesigen Auswahlmöglichkeiten für alle. Generation@: Die Dienstleistungs-, Erlebnis-, Medien- und Multi-Kulti-Gesellschaft offeriert ein atemberaubendes Angebot an Betäti-

gungsfeldern, Gestaltungsmöglichkeiten, Informationen, Lebensstilen, Erlebnissen. Ständig wird Neues geboten. Niemand muß es langweilig werden. Trotz knapper Finanzen bei vielen – niemals zuvor hatte jede/r Jugendliche und Erwachsene so viele Chancen, irgend etwas zu probieren, was ihr/ihm Spaß verspricht. Großartige Freiheiten, großartige Möglichkeiten, etwas aus sich selbst zu machen. Thomas hatte außer dem JET mindestens zehn andere Eisen im Feuer, den betreffenden Samstag verheißungsvoll zu verbringen. Gar nicht „heidnisch", sondern durchaus „christlich" bei irgendwelchen Treffen, Schulungen, Konzerten oder anderen Christenevents in der Gegend.
Neu in unserer Kultur ist auch die mit dem Überangebot einhergehende totale Individualisierung und Vereinzelung. Generation@: „Wenn um mich die Dinge in einem amorphen Chaos zerfließen, gibt es immer noch ‚Ich'." Deutlicher als je zuvor ist „Ich" der Mittelpunkt der Welt. „Ich" ist der Ziel-, Halt- und Orientierungspunkt des Normalo-Jugendlichen und -Erwachsenen von heute. Auch (junge) Christen sind davon nicht ausgenommen. Sie sind genauso zur stillen, einsamen Auswahl und zu permanenten Entscheidungsprozessen „verdammt", wie die anderen Jugendlichen und Erwachsenen.
Dies beinhaltet dann das Neue eines nie dagewesenen Verantwortungs- und Risikozwanges des einzelnen. Jede/r ist letztlich selbst schuld, ob sie / er aufs falsche oder richtige Pferd gesetzt hat. Viele Jugendliche werden damit schlecht fertig. Sie sind innerlich verunsichert. Man entscheidet deshalb meist erst kurzfristig. Viele richten sich danach, woher der stärkste Druck oder im Gegenteil der geringste Druck kommt. Noch wichtiger ist das, was Vertrauenspersonen, die Freundinnen und Freunde und anerkannte Meinungsmacher tun. Deren Zustimmung und Erfolg bei denen wiegen schwer. Das Bedürfnis nach Sicherheit ist jedenfalls groß. Thomas machte es locker damit ab, daß er auf die persönliche Ansprache wartete. Sie kam nicht, also gab's Wichtigeres für ihn als den JET.

3. Die Entscheidungskriterien für Engagement und Verantwortungswahrnehmung

Beim schnellen Hinsehen kommt man zum Ergebnis, daß nur Fun und Action zählen – viele Angebote, viel Spaß und wenig Verantwortung. Aber eigentlich trifft das nicht. Spaß und Spaß interpretieren sich bei vielen doch recht unterschiedlich. Spaß steht keinesfalls nur für bloße Oberflächlichkeit. Vielen jungen Menschen macht es durchaus Freude, sich sozial zu engagieren und Verantwortung für andere zu übernehmen. Es macht Spaß, in gemeinsamer Anstrengung eine große Herausforderung zu bestehen. Es befriedigt, etwas Sinnvolles für andere und mit anderen zu tun. Man sagt Spaß, aber man meint eigentlich die Erfüllung gewisser elementarer Grundbedürfnisse des Lebens. Diese Befriedigung von Grundbedürfnissen ist es, was Junge und Erwachsene heute wie zu allen Zeiten in ihren Entscheidungen leitet. Da beginnen Augen zu leuchten, packen Hände zu, denken Leute mit. Wenn ihnen die unmittelbare persönliche Befriedigung von Grundsehnsüchten des Lebens winkt, dann sind junge Menschen auch heute jederzeit zu mobilisieren. Engagement und Verantwortungswahrnehmung geschehen da, wo jemand auf seine persönlichen Kosten kommt. Das ist das, was „Spaß" macht.

Wie heißen diese Sehnsüchte und Grundbedürfnisse? Sie tragen viele Namen. Letztlich sind es die elementaren Strukturen des Menschseins: Liebe und Zuwendung, Anerkennung und Bestätigung. Es sind Aufgaben, Gestaltungsraum, Handlungsfreiheit und Wagnis. Es ist die Sehnsucht nach Hoffnung, letztlich nach Ewigkeit, nach Veränderung zum Guten, nach Neuem und Besserem. Ein anderer Bereich läßt sich mit Sinn, Orientierung und Handlungsmaßstäben beschreiben. Halt, Gemeinschaft, Essen und Trinken, Schutz, Geborgenheit, Sicherheit sind weitere Grundbedürfnisse. Jeder ist unmittelbar darauf ansprechbar. Der Unterschied zu früheren Zeiten besteht zum einen darin, daß heute weitgehend unverdeckt und direkt die Befriedigung dieser Bedürfnisse ins Auge gefaßt wird: „Ich will Spaß. Ich will Zuwendung. Ich will Veränderung zum Guten und klare Ziele. Ich will mein Auskommen und meine Sicherheit. Und das sofort." Nicht mehr wie früher: erst mal mitgehen und hoffen, daß sich etwas Befriedigendes für einen persönlich dabei ergibt. Nicht mehr einen Vertrauensvorschuß geben und dann weitersehen. Statt dessen: „Jetzt, easy going, Zapper-Knopf-Druck-Wechsel-Mentalität" ist angesagt, schneller Vertrauens- und Erfolgsnachweis. Andernfalls: „Her mit dem nächsten Angebot!" Zum anderen vollzieht diese Bedürfnisbefriedigung die/der einzelne weitgehend allein für sich selbst. Sie/er kann das, weil sie/er die technischen und finanziellen Möglichkeiten dazu hat. Oder sie/er muß es, weil sie/er wirklich nur sich selbst hat, nur das eigene „Ich". Das autonome, selbstbestimmte „Ich" entscheidet für sich selbst, welche Sehnsüchte und Bedürfnisse jetzt zur Befriedigung anstehen. Rücksicht auf allgemein gültige Anstandsregeln sind nachrangig, Verantwortung des Handelns gegenüber anderen ist eigentlich ein Unwert – wenn Verantwortung, dann Selbstverantwortung.

Damit Jugendliche Verantwortung übernehmen – vier Grundsatzentscheidungen

1. In Menschen investieren

Sachen und Verbrauchsgüter, Veranstaltungen und Events gibt's jede Menge in der „Multioptionsgesellschaft". Jedes „Ich" benutzt diese Angebotsfülle, um „sich selbst in den Mittelpunkt zu stellen" (Johannes Goebel), „sich seine eigene Biographie zu schaffen" (Christoph Clermont). Alles und alle werden für das „Ich" instrumentalisiert. Bloß Verantwortungsübernahme für Jesus und für den CVJM gibt's auf diesem Weg natürlich nicht. Es riecht deshalb auch für viele nach Instrumentalisierung, wenn man sich nur vor den mehr oder weniger versammelten Mitarbeitertreff hinstellt und sagt: „Wer hat Lust da und dazu? Wir brauchen noch fünf Leute für ..." Jede/r hat mindestens drei andere Angebote für den fraglichen Termin zur Hand. Das müssen die Älteren lernen. Niemand will mehr zum Erfüllungsgehilfen für von anderen erdachte und bestimmte Angebote gemacht werden. Es geht genau umgekehrt: „Nur wer mir hilft, dem helfe auch ich. Nur wer nachweist, daß er mir gut ist, kann auch mit meinem Engagement rechnen." Diese Einstellung erfordert für uns im CVJM immer einen vorauslaufenden, persönlichen Einsatz für Jugendliche. Leider wird er zu selten in unseren Vereinen erbracht. Viele Ältere sind zu sehr mit der Aufrechterhaltung der Angebots- und Veranstaltungsfülle in unseren CVJM beschäftigt. Starke Angebote in unseren Vereinen müssen sein. Auch mit unseren Programmen und Actions müssen wir Jugendlichen signalisieren: „Hier gibt's Gutes für dich." Gut aber sind unsere Angebote nur dann, wenn sie unmittelbare Begegnungen unter den Beteiligten herstellen. Zu viele unserer Angebote jedoch belassen die Menschen auf der Ebene von Konsumenten und „Ich-Biographen". Sie bestätigen nur noch die jeweils „Machenden". Aber sie bringen darüber hinaus keine Menschen, Jugendliche und Ältere zueinander. Genau darauf jedoch warten Jugendliche. Sie suchen Menschen und nicht nur Angebote. Sie suchen Menschen und Programme, wo man sich persönlich nahekommt. Nichts ist in unserer Überangebotskultur seltener und wertvoller als ein Mensch, der einem anderen ehrlich beisteht. Hier liegt der entscheidende „Mehrwert" christlicher Lebensgestaltung. Hier liegt der Anknüpfungspunkt, um Jugendliche zur Verantwortungsübernahme zu ermutigen. Es geht über menschliche Zuwendung und echte Hilfe und nicht über Angebote und Appelle. Wer sich selbst nicht unmittelbar und persönlich für einen jungen Menschen „investiert", wird keine Mitarbeiter gewinnen und prägen können.

2. Einzelne begleiten

Die Schaltstelle aller Entscheidungen in unserer Gesellschaft ist jeder einzelne. Deshalb führt die Weitergabe und Übernahme von Verantwortung auch nur über die/den einzelnen, und deshalb muß unsere Investition in junge Menschen im CVJM Investition in einzelne junge Menschen sein. Dazu sind aber Vertrauenspersonen nötig. Einer anonymen Masse vertraut keiner. Auch hier ist für Ältere Nachholbedarf. Man meint: „Das bringt nicht genug, sich als einzelner mit einzelnen Jugendlichen abzugeben. Es dauert zu lange. Es ist zu mühsam. Stimmt, aber unterm Strich kommt in überschaubarer Zeit ein viel aktiveres Vereins- und Gemeindeleben zustande als mit bloßer Programm- und Angebotsarbeit. Ich kenne keinen derzeit florierenden CVJM, der ohne diese intensive Zuwendung Älterer zu einzelnen jungen Menschen das ist, was er ist. Die Entscheidung für das aktive Zugehen auf einzelne Jugendliche macht Schluß mit den einsam-überragenden Führerpersönlichkeiten in unseren Vereinen. Sie zwingt statt dessen zu einem mehr geschwisterlichen Umgang. Denn niemand kann zu mehr als zwei bis vier Jugendlichen intensive Kontakte pflegen. Auch Mitarbeiter/innen, die keine stark verkündigungs- oder leitungsbegabten Persönlichkeiten sind, werden auf diese Weise wichtig und bedeutsam. Sie erleben eine Aufwertung ihres Engagements. Das ist das Geheimnis der Konzentration auf die einzelnen. Richtig angewandt bringt diese Konzentration andere, bisher weniger beachtete Mitarbeiter in Aktion. Mehr unterschiedlich begabte Jugendliche werden durch sie erreicht. Gleichzeitig ist die Wirkung auf die begleiteten Jugendlichen viel stärker als ohne Einzelbegleitung. Es gibt mehr „Überzeugungstäter" und mehr Verantwortungswahrnehmung. Nach einer gewissen Anlaufzeit kommt es zu einer richtigen Bewegung im Verein. Die Voraussetzung dafür ist, daß jeder Christ mindestens zwei Beziehungen persönlich geteilten Lebens pflegt: eine mit einem Christen im Verein und eine mit einem

Nichtchristen. Was ist der Inhalt dieser Einzelbegleitungen? Es muß „Spaß" machen!

3. Grundbedürfnisse befriedigen

Das ist das, was Jugendlichen wirklich hilft und wo sie mit Engagement freiwillig dabei sind: ehrliche Aufmerksamkeit, Zutrauen, Gestaltungsfreiheit, Veränderungschancen, einsehbare Grenzen, Bestätigung, Gemeinschaft. Was Ältere mit Jugendlichen unternehmen, muß den Jugendlichen diese Erfahrungen vermitteln: „Hier bin ich anerkannt. Hier stehen Leute zu mir, auch wenn ich daneben haue. Man traut mir etwas zu. Ich kriege was hin. Das macht Spaß. Ich lerne im direkten Umgang mit anderen, was schadet und was wirklich gut tut, und wofür es sich lohnt zu kämpfen. Ich hab ein Zuhause. Ich bin zufrieden." Wer diese Erfahrung jungen Menschen vermittelt, weckt ihre Verantwortungswahrnehmung. Wer mit Taten persönlicher Zuwendung jungen Menschen klarmacht: „Ich steh zu dir!", der ist konkurrenzlos. Er trifft ins Zentrum ihrer Sehnsucht. Unsere Mitarbeitsangebote an Jugendliche sollten wir deshalb daraufhin überprüft haben. Können bei diesem Projekt oder in dieser Gruppe die elementaren Bedürfnisse junger Menschen befriedigt werden? Erleben die Jugendlichen Liebe und Aufmerksamkeit? Bekommen sie dabei echte Gestaltungsaufgaben, eine klare Zielangabe, Schutz und Gemeinschaft? Was Jugendliche nur zu „Wasserträgern" degradiert, ist Unsinn. Es schadet, wenn Erwachsene die Hoffnungen von Jugendlichen auf Erfolgserlebnisse enttäuschen.

Gerade im direkten Umgang miteinander werden dabei auch der böse Wille von Jugendlichen und Erwachsenen, unsere ängstlichen Bitterkeiten und Überlegenheitsansprüche offenbar. Gerade im Achten auf die elementaren Bedürfnisse junger Menschen zeigt sich, daß an uns Menschen Befriedigung und Erfüllung letztlich nicht festzumachen sind. Deshalb muß unser Einsatz für die echten Bedürfnisse junger Menschen immer über uns selbst hinausweisen. Er soll zur wahren Erfüllung unserer menschlichen Bestimmung hinführen. Die erleben wir und die Jugendlichen in der Gemeinschaft mit Gott.

4. Freude an Jesus machen

Das ist die eine große Befreiung zur Verantwortungswahrnehmung, wenn wir an Jesus Freude machen. Nirgends kommt ein Mensch in Wahrheit mehr auf seine Kosten als bei Jesus. Nirgends findet eine/r mehr vorbehaltlose Zuwendung als bei Jesus. Sein Leben opferte er in den Tod als Schuldloser für Schuldige. Seine Taten für uns sind unbestreitbar. Seine Auferstehung schließt uns den Zugang in die neue Welt Gottes auf. Der Tod macht nicht mehr alles kaputt. Es gibt deshalb immer eine letzte Veränderung zum Guten. An Jesus sehen wir, was gut tut und was Leben zerstört. Wir kriegen bei ihm nicht, was wir wollen, aber alles, was wir wirklich brauchen. Der Einsatz seiner Macht ist zutiefst immer Einsatz zu unseren Gunsten. Niemand befriedigt die elementaren Bedürfnisse und Sehnsüchte unseres Lebens besser als der Mann aus Nazareth.

Wer den Einsatz Jesu für sich gelten läßt, macht die einzigartige, unüberbietbare Erfahrung von Befriedigung, Aufatmen und Gewißheit: „Ich bin gut, trotz aller Fehlleistungen und Belastungen meines Lebens. Ich kann was. Ich krieg' genug. Niemand kann mich in meinem Wert für Gott und die Menschen überbieten. Und ich selbst muß auch niemand überbieten. Es wird gut ausgehen mit mir." Alle Lebensangst ist damit zu überwinden oder durchzustehen. Die Jesuserfahrung bricht die Angst ums eigene Ich. Die Jesuserfahrung holt heraus aus Ich-Anbetung und Selbstrechtfertigung. Ein großartiger Wille zu Lebensgestaltung und Mut entsteht in einem Menschen, der sich an Jesus hingibt.

Wenn wir Jugendliche zur Verantwortungsübernahme einladen, dann darf Verantwortungswahrnehmung niemals Selbstzweck werden. Mitarbeit bei Jesus und im CVJM ist keine Ausnutzung. Zuerst und zuletzt kann es uns auch bei der Verantwortungsübernahme nur um eines gehen: Jugendliche in die Lebensgemeinschaft mit Jesus zu bringen. Je mehr es uns um die bloße funktionale Verantwortungsweitergabe geht, desto mehr geraten Ältere und Jüngere auseinander und gegeneinander, desto mehr kommen Ehrsucht, Machtkämpfe, Neid und Trägheit ins Spiel. Je mehr wir selbst von Jesus begeistert sind, desto wichtiger wird es uns, Jesus jungen Menschen heiß zu empfehlen. Und je mehr wir selbst ihnen die Jesusgemeinschaft als die wirkliche Erfüllung unseres Menschseins empfehlen, desto mehr bekommen wir auch mitarbeitende und mitdenkende Jugendliche in unsere CVJM.

Damit Jugendliche Verantwortung übernehmen – konkrete Schritte

1. Gemeinsam etwas Schönes machen

Geredet und versprochen und angepriesen wird massenhaft. Nur die „gagigsten" und beeindruckendsten Aufmacher kommen an. Sie sind meist mordsteuer. Sie sind aber zu überbieten durch konkrete Taten unmittelbar auf den einzelnen ausgerichteter Menschenfreundlichkeit. Auch der größte Zapper und ungeduldigste „Ich-Gestalter" ist dafür ansprechbar. Wer anderen selbstlos Gutes tut, wird ernstgenommen. Er findet Aufmerksamkeit. Der erste Schritt zur Kontaktaufnahme mit Jugendlichen heißt immer: „Tu etwas mit ihnen, was ihnen Spaß macht!" Auch Reden gehört dazu, aber Bewegung, Gestalten, etwas herstellen, entspannen oder helfen, Mängel beheben, konkrete Unterstützung sind besser. Sie bewirken unmittelbar Wahrnehmbares, schnelle, aber nicht oberflächliche Erfolgserlebnisse. Bauen, Spielen, Ausflüge, Freizeiten, Besuch von Konzerten und Sportveranstaltungen, Kreatives, Anstrengung mit klarer Aussicht auf Erfolg, das sind erste Schritte und Chancen zur Kontaktaufnahme und zur Beteiligung von Jugendlichen. Ebenso gut klappen auch Möglichkeiten, für andere etwas Hilfreiches zu tun.

2. Einzelne finden

Bei solchen mitmachorientierten Gruppen und Treffs mit Jugendlichen schälen sich die unterschiedlichen Persönlichkeiten heraus. Leitungs- und verantwortungsbewußte Typen fallen einem auf; hilfsbereite, redebegabte, handwerklich geschickte, einfühlende und kritische. Beinahe von selbst ergeben sich zwischen einzelnen Jugendlichen und Älteren oder Mitarbeitern persönliche Annäherungen und Sympathien. Lebendige Zweierbeziehungen können entstehen. Voraussetzung ist eigentlich nur, daß sich die Älteren oder Mitarbeiter wirklich den Jugendlichen öffnen und daß Jesus in diese Zweierbeziehung hineingenommen wird, nach dem Motto: „Herr, ist diese junge Frau, dieser junge Mann jemand, den du durch mich fördern und aufbauen willst? Gebrauch mich doch für sie/ihn." Wer in unseren CVJM einen Menschen gefunden hat, dem sie/er vertrauen kann, die/der bleibt. Sie/er wird sich engagieren. Wo sich die Älteren und Mitarbeiter willentlich auf einzelne zubewegen und Zweierschaften bewußt anstreben, kommt ein CVJM in Bewegung.

3. Verantwortung übertragen

„Selbst" heißt das Zauberwort der Jugend und unserer „Multioptionsgesellschaft". Etwas selbst machen können, selbst Verantwortung übernehmen, Freiraum haben, das ist die Voraussetzung, damit Jugendliche sich engagieren. Erfolgreiche Jugendleiter sind deshalb Leiter, die Jugendliche erfolgreich machen. Das fällt manchem Älteren nicht leicht. Wir lassen gerne Jugendliche weniger wichtige Aufgaben übernehmen. Anfangs ist das gewiß auch sinnvoll. Wirkliche Mitarbeit Jugendlicher aber bedeutet, Verantwortungen und Entscheidungsbefugnisse an sie abzugeben. Junge Menschen reifen, indem man ihnen etwas zutraut. Das bedeutet nicht, daß ein Älterer keine Lust mehr hat und dann den Jüngeren – wenn sie überhaupt da sind – die Sachen mehr oder weniger vor die Füße wirft. Vielmehr geht es um überschaubare Gestaltungs-Freiräume für Jugendliche. Andere Mitarbeiter/innen sollten ihnen nicht in ihre Aufgabe hineinreden. Jugendliche müssen sich selbst ausprobieren können. Die jeweilige Aufgabe muß für sie klar berechenbar und in ihren Folgen kalkulierbar sein. Soweit es ihnen selbst und anderen nicht schadet, müssen sie es anders machen dürfen, als das bisher die Älteren gemacht haben. Jugendliche müssen erleben können: „Das ist meins. Das habe ich gemacht. Das war meine Idee." Häufig sind schon Stil-Fragen die entscheidenden Blocker, die Jugendliche an der Verantwortungsübernahme hindern. Ihre anderen Farben, Kleider, Rhythmen, Sprechweisen usw. werden von Älteren oft zu inhaltlichen Fehlentwicklungen hochstilisiert. Dabei geht es eigentlich „nur" um das Loslassen von Leitungsbefugnissen. Jugendliche sollten jedoch im Maß ihrer Verselbständigung in immer größere Verantwortungsbereiche hineinwachsen. Persönliche Begleitung und Eigenständigkeit junger Menschen schließen sich also nicht aus, sondern bedingen einander. Wer sich überflüssig macht, indem er andere, Jüngere in seine Aufgaben einführt, macht sich wichtig. Er wird sofort als fähiger Leiter und Anleiter neue Aufgabenfelder bekommen. Der Verein wächst. Wer dagegen nur sich selbst wichtig macht, hilft im Stillen mit, den Verein kaputt zu machen.

4. Abgucken lassen

Interessanterweise gestalten Jugendliche ihre Verantwortungsfreiräume meist gar nicht so selbständig wie es oft aussieht und gefordert wird. Das meiste dessen, was Jugendliche und wir alle tun, ist irgendwo abgeguckt. Anschließend wird es für die persönlichen Verhältnisse passend gemacht. Wir alle lernen nicht allein durch pure verbale Belehrung. Wir lernen mehrheitlich durch Erfahrung. Wenn Jugendliche also Verantwortung in der Mitarbeit übernehmen sollen, dann brauchen sie Vorbilder. Sie brauchen Möglichkeiten, gemeinsam mit einem Älteren an einer Aufgabe Erfahrungen zu sammeln. Sie brauchen den praktischen Anschauungsunterricht, wie man eine Gruppe gestaltet, wie man eine Andacht hält, wie man ein Projekt durchführt, wie das Leben gelingt. Ältere und Mitarbeiter/innen müssen einzelnen mitarbeitswilligen Jugendlichen ehrliche Einblicke in ihre Gruppen- und Mitarbeitspraxis gewähren. Einzelne Ältere müssen einzelne Jugendliche unter strikter Wahrung von deren Eigenständigkeit, quasi an die Hand nehmen und sie an der eigenen Mitarbeiteraufgabe sinnvoll beteiligen. Die jeweiligen Zweierpartnerschaften verwirklichen sich also bestens als praktische Mitarbeiterpartnerschaften und Mitarbeiterbegleitungen. Nur was man selbst vormacht, macht einem auch jemand nach. Appelle und Argumente reichen nicht zur Verantwortungsübernahme. Wirkungsvoller als alle Zielvorgaben und Mitarbeiterleitlinien sind die gelebten positiven Beispiele. Jede/r Mitarbeiter/in sollte mindestens eine/n jüngere/n Mitarbeiterpartner/in haben, dem sie/er durch Mitmachen „etwas vormacht", welchen Zielen und Aufgaben sie/er sich selbst im CVJM verpflichtet weiß.Nur die erkennbar gelebten Worte und Bekenntnisse überzeugen. Dann allerdings sind inhaltliche Vorgaben und Leitlinien sehr wohl angebracht.

5. Einzelne ermutigen

Neben dem gemeinsamen Handeln brauchen Jugendliche das persönliche Mitgehen von Älteren, Begleitung mit Herz. Das veranlaßt Jugendliche zur Verantwortungswahrnehmung. Sie sind nicht allein mit ihrer Aufgabe. Da ist jemand, der hinter ihnen steht und für ihr Engagement Verantwortung übernimmt. Mit dem ungeheuchelten Interesse am persönlichen Ergehen und am Ergehen im CVJM fängt alles an. Nur wer wissen will,

was den einzelnen Jugendlichen bewegt, kann ihn auch zur Mitarbeit gewinnen. Anteil geben und Anteil nehmen heißt das Programm, sich voneinander erzählen und füreinander beten. Ältere schließen wenigstens einen Teil ihres Privatlebens für Jugendliche auf. Und Jugendliche sagen, was sie denken. Man läßt einander gegenseitig in die Karten und möglichst auch in die privaten Räume gucken und spricht alle zwei bis drei Wochen ein bis zwei Stunden intensiv miteinander, das bewegt viel.
Es entwickelt sich schnell ein Vertrauens- und Schutzraum. Den brauchen Jugendliche. Denn wo nur das auswählende und selbstverantwortende „Ich" die letzte Größe ist, gibt sich niemand eine Blöße. Sicherheit ist oberstes Gebot. Bloß keine Blamage und kein Versagen erleben. Die Ansprüche an den „Markt" sind entsprechend dem Angebot riesig. Ebenso hoch sind die Anforderungen, die Jugendliche an sich selbst stellen. Eine lähmende Ängstlichkeit hält viele vom jugendlich-unbekümmerten Engagement ab. Viel Vertrauensarbeit ist nötig, um diesen Betonwall der Selbstüberforderung bei Jugendlichen aufzubrechen. Jede Menge tatsächlich angebrachten Lobes, viel Bestätigung, viel Mitdenken und Mitfühlen, behutsame, ehrliche Kommentare und äußerst sparsam eingesetzte Verbesserungsvorschläge bringen Jugendliche voran. Sie brauchen die Sicherheit, daß sie bei Fehlern nicht hängen gelassen werden. Stabile Vertrauensbeziehungen eines Jugendlichen mit einem Älteren sorgen für ein stabiles Selbstbewußtsein und für eine stabile Verantwortungswahrnehmung Jugendlicher.

6. Gemeinsam bei Jesus „dranbleiben"

Wer nichts Gutes von Jesus hört, findet nicht zum Glauben an ihn. Wer nicht auf Jesus hört und nicht mit Jesus redet, bleibt nicht im Glauben. Wer nicht bei Jesus „dranbleibt", verliert den Mut zu selbstloser Weltgestaltung und Verantwortungsübernahme. So sind die Zusammenhänge. Zuerst kommt das Geschenk der Jesusgemeinschaft. Wir sind gut durch Jesus. In Gottes neuer Welt sind wir dabei. Immer und zuerst sind wir die Beschenkten. Dann erst kommt unser Einsatz für Jesus. Der aber entscheidet nicht mehr über unsere Ewigkeit und unseren Wert. Durch das Thema dieses Artikels liegt der Schwerpunkt der Ausführungen auf der Verantwortungsübernahme. Aber Mitarbeit im CVJM ohne fröhliche Jesusgemeinschaft und ohne Ewigkeitsgewißheit ist Leistungsmoral. Das geht nie gut.

Deshalb gehören Jugendliche und Ältere als Mitarbeiter in einen Bibeltreff. Hör- und Erfahrungs- und Ermutigungsgemeinschaft mit Jesus gibt's nicht ohne gemeinsames Bibellesen und Beten. Wir brauchen das und mitarbeitswillige Jugendliche brauchen das. Jeden Tag machen uns Mißerfolge und innere Kränkungen zu schaffen. Jeden Tag steigen Machtgelüste und Gemeinheiten in uns auf. Da kommen wir nur klar, wenn wir uns gemeinsam an Jesus festmachen. Ohne die Orientierung an Jesus bauen auch wir nur ständig „an unserem inneren Selbst".

Es stimmt deshalb nicht, daß man Jugendlichen heutzutage nicht mit Bibel, Beten und Jesus kommen könnte. Das Gegenteil ist der Fall. Vorausgesetzt man achtet auf den persönlichen Zugang und die Grundbedürfnisse. In der Bibel begegnen uns die Grundfragen unseres Lebens: Gott und Mensch, Macht und Freiheit, Männer und Frauen, Tod und Hoffnung usw. Da beginnt der Resonanzboden der eigenen Existenz zu schwingen. Jugendliche und Nichtchristen merken das heute. Inmitten des modernen Blablas entfalten die Worte ewigen Lebens ihre Kraft. Der Ton der Jesusgeschichten und die Tiefe und Klarheit der biblischen Texte sprechen für sich, wenn wir nur unser eigenes Leben ehrlich danebenhalten. Unsere Bibel- und Gebetstreffs sind nur deshalb langweilig, weil wir nicht persönlich und ehrlich beten und nicht offen und persönlich den Bibeltext auf uns beziehen. Wo das aber geschieht, sind

Jugendliche und Nichtchristen hochgradig ansprechbar. Laßt uns die Bibelworte nehmen und den direkten Existenzbezug dazu – und es wird spannend.

Glaubens- und Lebens-Treffs aufmachen

1. Strukturen verändern

Nun werden manche anfangen zu stöhnen: „Das auch noch! Familie und Beruf, Gruppenstunde machen, Projekte durchziehen, um Jugendliche kümmern, zum Mitarbeitertreff gehen und nun auch noch Bibel- und Gebets-Treff. Unmöglich!" Ist

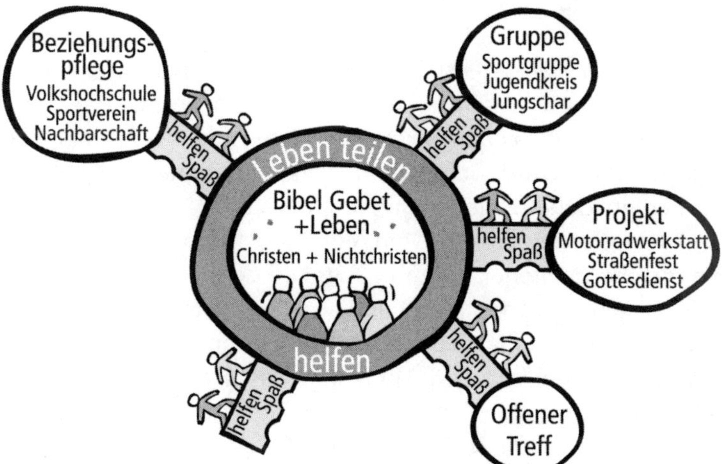

es auch. Ich glaube inzwischen, daß wir vieles vom eben Aufgezählten in unseren Vereinen in einem Treff zusammenfassen sollten, auch und gerade mit Jugendlichen. „Multioptionsgesellschaft" und „Generation@-Kultur" zwingen uns zum Wesentlichen und zum Elementaren unseres Glaubens. Wir brauchen in unseren CVJM nicht mehr zuerst eine großartige Breite christlicher Unterhaltungs- und Bildungsangebote für alle Altersstufen. Wir können und müssen nicht mehr alles machen, was wir machen können. Erstens fehlt uns die Zeit. Zweitens machen längst alle möglichen Initiativen, Bildungszentren und Konzertagenturen diese Unterhaltungs- und Bildungsangebote – und oft besser als wir im CVJM. Was wir in unseren Vereinen brauchen, sind überschaubare Zellen gemeinsamen, christlichen Lebens. In denen müssen wir unmittelbar und menschennah die Essentials unseres Glaubens praktizieren. Diese Essentials heißen: erfahrbare Gemeinschaft mit Gott und Liebe zu den Menschen, Leben mit Jesus und konkrete Hilfe füreinander und für andere, Bibelgespräch, Gebet und miteinander gestalten, was uns gegenseitig und anderen hilft. Das sollte möglichst an einem Abend in der Woche zusammengefaßt werden. Danach fragen Jugendliche und viele andere Menschen heute. Ich bin überzeugt davon, daß wir unsere Vereinsarbeit in solche Zellen gemeinsamen Glaubens und Lebens umstrukturieren sollten. Auch die Jugendarbeit würde ich in Form einer oder mehrerer solcher Zellen aufziehen. Die Jugendgruppe als Bibel- und Gebetstreff mit fetzigem und intensivem Vor- und Nachprogramm zum Mitmachen: Offener Start ab 18.30 Uhr oder 19.00 Uhr, zuerst Pizza, gemeinsames Essen, Indiaca, Kleinfeldfußball, Kicker, Dart, Billard, kleine Gitarrensession oder andere gute Sachen, dann die Bibel auf den Tisch und das eigene Leben dazu: Gesprächsgruppen, Gebetsgruppen (von ca. 20.00 Uhr bis 21.15 Uhr oder 21.30 Uhr), danach Gespräche, Mitmachspiele, Video, manchmal ein Kneipenbesuch, eine Motorradrunde, ein Abendbummel oder anderes, vor allem Verabredungen fürs locker gestaltete Wochenende. Eingeladen sind dazu Christen und Nichtchristen. Zwei bis vier etwas kommunikative und von Jesus überzeugte Ältere sind nötig, um solch einen Treff zu organisieren. Sie mühen sich, Jugendliche dafür zu gewinnen. Inzwischen kann ich es in einigen unserer CVJM nachweisen: da bricht geistliches Leben auf, Jesus, Bibel und Existenz kommen zusammen. Es macht „Spaß“. Da beginnt Verantwortungswahrnehmung Jugendlicher. Jugendliche fangen an, ihren Altersgenossen das Leben mit Jesus und ihren Glaubens- und Lebens-Treff schmackhaft zu machen. Andere Jugendliche sind aus dieser Zelle heraus bereit, in der Jungschar mitzuhelfen. Wieder andere stellen sich nur kurzfristig für ein bestimmtes Projekt zur Verfügung. Aber klar ist für jeden, der in der Zelle dabei ist: „Hier komme ich auf meine Kosten. Hier finde ich Erfüllung.“ Klar ist auch, daß so ein Unternehmen wächst, und bald „Zellteilung“ nötig wird.

2. Differenzieren und Zusammenhalten

Wo bleiben die Jungscharen, Sportgruppen und der Mitarbeiterkreis? Aus den überzeugten Jugendlichen des „Glaubens- und Lebens-Treffs“ werden Mitarbeiter gewonnen. Je nach Möglichkeit und Begabung und Begleitung durch Ältere finden sie zeitlich begrenzte Einsatzfelder wie Jungschar, Sport oder bestimmte Projekte. Innerhalb dieser Einsatzfelder sind dann besondere Arbeits- und Organisationstreffen nötig, bei Gruppen wahrscheinlich etwa monatlich. Aber im Einsatzfeld liegt nicht mehr der Schwerpunkt des Mitarbeiterlebens. Mittelpunkt und „Heimat“ ist die Zelle gemeinsamen Lebens, der jeweilige „Glaubens- und Lebens-Treff“. Jede/r Mitarbeiter/in kommt so wöchentlich auf zwei Termine im Verein: Zelle und Dienstgruppe. Das genügt.

Ergänzt wird dieser Mittelpunkt durch den großen Treff aller im Verein Mithelfenden und Mitarbeitenden. Je nach Vereinsgröße kann man den alle zwei bis vier Wochen ansetzen. Auch hier im Vereins-Mitarbeitertreff geht's nicht um Organisation und Arbeitsverteilung, sondern um gemeinsames geistliches Leben. Auch hier zählen die Mitarbeiterinnen und Mitarbeiter nicht als CVJM-Funktionäre, sondern als Menschen mit Sehnsüchten, als Freundinnen und Freunde und Jesusleute. Es empfiehlt sich, den Vereins-Mitarbeitertreff als eine Art „CVJM-Gottesdienst“ durchzuführen: gemeinsames Essen, viel Musik und fröhliches Singen,

gemeinsamer Erlebnisaustausch, eine aufbauende Predigt, vielleicht ein Gastredner oder zwei, drei Minipredigten von Mitarbeitern, Gebetsgruppen, Segnungen, hinterher gemütliches Beisammensein, vielleicht mit Video- oder Bildberichten einzelner Gruppen, Mitmachspiele – einfach das, was Spaß macht und wozu jemand Freude hat. Wichtig ist nur, daß ein festgelegter Plan zur Durchführung besteht. Es empfiehlt sich übrigens sehr, mit dem/der Gemeindepfarrer/in zu sprechen. Manche würden liebend gern zu einem solchen Vereins-Mitarbeitertreff als Gottesdienst der Kirchengemeinde am Samstag- oder Sonntagabend im „zweiten oder dritten Programm" als Ergänzung zum Sonntagmorgen-Gottesdienst einladen.
In der Woche, in der der Vereins-Mitarbeitertreff stattfindet, sollten die Zellen ausfallen. So bleibt es bei den zwei festen CVJM-Terminen. Vor allem aber verselbständigen sich die Zellen gemeinsamen Lebens nicht zu sehr. Die Vereins-Familie bleibt zusammen. Jede/r weiß, wer dazu gehört. Nicht jede/r kann sich um jede/n kümmern. Aber jede/r hat eine/n, um den sie/er sich kümmert und die/der sich um sie/ihn kümmert. Und wenn alle sich regelmäßig im Vereins-Mitarbeitertreff sehen, dann ist allen geholfen. Der Verein ist mit einem lebendigen Netz persönlicher Zweierbeziehungen durchzogen, und alle machen nach ihren Möglichkeiten mit.
Das Problem, neue Aufgaben für Ältere zu finden, die ihre Mitarbeit in einer „Jugendzelle" beenden möchten, ist dann eigentlich auch keines mehr. Sie/er kann gleich einen neuen „Glaubens- und Lebens-Treff" für Ältere aufmachen oder in einen bestehenden einsteigen. Erfahrungsgemäß gibt's da ständig Bedarf. Ein/e Mitarbeiter/in zieht weg, in einem anderen Treff ist man miteinander unzufrieden und sucht nach einer neuen Zusammensetzung, andere Zellen teilen sich durch Wachstum. Nie wird jemand überflüssig, der sich die Freude an Jesus nicht vermiesen läßt und der mit Jüngeren und irgendwann mit Älteren sein Leben teilt.

Da reichen dann auch, je nach Vereinsgröße, zwei bis drei Mitgliederversammlungen im Jahr um die Vereinsarbeit voreinander zu verantworten und die Geschäfte sauber abzuwickeln. Die permanente Koordination der Vereinszellen und -gruppen ist die Sache des Vorstands. Vorstandsmitglieder müssen für's Ganze denken. Sie müssen als Vernetzer mit intensiven Kontakten zu den Leiter/innen der Gruppen und Zellen im Verein unterwegs sein. Auch hier gelten die elementaren Grundwahrheiten: Wir sind zum persönlichen und gemeinsamen Glauben an Jesus bestimmt und zur gegenseitigen Hilfe füreinander und für andere. Wo unsere Jesusbeziehung frisch ist und wo wir einzelnen helfen, daß ihre wirklichen Bedürfnisse zufriedengestellt werden, da werden unsere Vereine leben. Da übernehmen Jugendliche gern selbst Verantwortung – auch und gerade im CVJM.

***Paul-Ludwig Böcking**, geboren 1948, verheiratet, vier Kinder, lebt in Kraichtal, Lehre als Sparkassenangestellter, Ausbildung an der Evangelistenschule Johanneum, von 1972 - 1977 Jugendwart in Bielefeld, 1977 - 1993 EC-Bundeswart in Niedersachsen und Bremen und Referent im Landesjugendpfarramt Hannover, ist seit 1993 Generalsekretär des CVJM-Landesverbandes Baden und Pfarrer der Badischen Landeskirche. Lebensmotto: „Fromm, bunt, menschenfreundlich" oder „Gott zu dienen,ist die größte Freiheit".*

Zum Weiterdenken

* Der erste Schritt zur Kontaktaufnahme mit Jugendlichen: Tu etwas mit ihnen, was ihnen Spaß macht! Was macht jungen Leuten Spaß? Was können wir ihnen anbieten? Was nimmt ihnen den Spaß?

* Wer in unseren Vereinen einen Menschen gefunden hat, dem sie/er vertrauen kann, die/der bleibt. Was macht Mitarbeiter für die Jüngeren vertrauenswürdig?

* „Selbst" heißt das Zauberwort der Jugend. Welche Verantwortung haben junge Menschen in unseren Vereinen? Wie werden sie begleitet?

* Wir lernen mehrheitlich durch Erfahrung. Wie werden in unseren Vereinen Erfahrungen weitergegeben? Welche persönlichen Beziehungen zwischen Älteren und Jüngeren gibt es? Wie entstehen sie? Wie werden sie gefördert?

* Wer nichts Gutes von Jesus hört, findet nicht zum Glauben an ihn. Wie geschieht glaubenweckende Verkündigung in unseren Vereinen?

* Was wir in unseren Vereinen brauchen, sind überschaubare Zellen gemeinsamen christlichen Lebens. „Lebens- und Glaubenstreffs" – was sind die Ziele? Was sind die Inhalte? Wie können wir sie Schritt für Schritt aufbauen?

12 Faszinierend!

Mutige, Kreative und Querdenker gesucht

War Jesus mutig? War er kreativ? War er ein Querdenker? Ich meine, ja! Na und? In Südafrika habe ich immer wieder diesen Satz gehört: „Jesus ist die Antwort". Ja – aber auf welche Fragen eigentlich?
Mut in der Jugendarbeit heißt eins ganz bestimmt: sich den Fragen stellen und sich selbst in Frage stellen. Ich möchte die Fragen, die ich habe – und die irgendwie auch mich haben – mit euch teilen.

Was erwartest du?

Ich glaube, daß unser Mut mit unseren Erwartungen zu tun hat. Und deshalb ist meine erste Frage: „Was erwarten wir?"
Das Besondere und Faszinierende an den Propheten der Bibel ist, daß sie etwas von der Zukunft erwarten. Und diese Erwartungen verändern ihr Leben, wirken sich schon auf ihre Gegenwart aus. Hinter der Frage nach unserem Mut steht die Frage nach unseren Erwartungen: „Was erwartest du?" Die Antwort ist wichtig, weil sie deine Gegenwart entscheidend prägt. Jesus erwartete das Reich Gottes, das Reich Gottes wurde lebendige Wirklichkeit mit ihm.
Jesus und die Propheten ringen um uns. Vielleicht fragst du dich immer wieder nach der Bedeutung Gottes für dein Leben. Aber statt danach zu fragen, wie Gott in unsere Pläne paßt, müssen wir fragen: „Wie passe ich in Gottes Pläne? Welchen Beitrag kann ich leisten, damit das Reich Gottes ins Leben kommt?" Das ist eine der wichtigen, herausfordernden Fragen für uns: „Wie ordnen wir uns in Gottes Pläne und Verheißungen ein?"

Sprüche oder Zuspruch

Was ist, wenn einer uns zuspricht: „Erhebt eure Häupter, weil sich eure Erlösung naht“ (Lk 21,28)? Wie reagieren wir? Lassen wir trotzdem den Kopf hängen und glauben den Sprüchen mehr als dem Zuspruch? Heben wir den Blick, gucken wir nach vorne und suchen wir am Horizont nach Zeichen einer großen Veränderung, die Gott uns schenken will? Oder gucken wir weiter in die Röhre? Wie sollen wir mutig sein, wenn wir mit wegwerfender Handbewegung sagen können, daß wir „fromme Sprüche“ nicht mehr hören können und uns dann statt dem Zuspruch der Bibel die Sprüche der Talkmaster zumuten? Wie soll einem das Mut machen? Das geht nicht. Wer darunter leidet, daß Gottes Zuspruch ihm als hohle Phrase erscheint, soll sich schnell auf die Suche nach den Worten des Lebens machen.
Wenn der Prophet sagt: „Kopf hoch!“, dann klopft er uns damit nicht im Vorbeigehen auf die Schulter, dann will er uns sagen: „Macht die Augen auf, daß ihr ja nichts verpaßt.“ Diesmal kann keiner sagen, er hätte nichts gewußt! Die Propheten wußten: Wer Erwartungen hat, muß davon reden und die Erwartung bei anderen wecken.

Wonach sehnst du dich?

Gott nimmt uns ernst mit unseren Erwartungen und will uns auf seine Verheißungen einstimmen. Jesus fragt dich: „Was willst du, daß ich dir tue? Was möchtest du, daß ich deinem CVJM tue?“ Sagen wir: „Also, wenn du mich fragst, Herr, dann sage ich ganz ehrlich, ich hätte am liebsten meine Ruhe“? O.K. Wenn wir aber sagen: „Ich sehne mich nach einer neuen Bewegung, nach einem neuen Feuer, nach einer großen Power“, dann wird unser Gebet erhört werden. Dann ist es möglich, dann ist es verheißen, daß etwas Neues entsteht.

1. Was erwarten wir für die Jugendarbeit?

Weder die Propheten noch Jesus lagen mit ihrer Sicht der Dinge, mit dieser Erwartungssicht im Trend ihrer Zeit. Einerseits gab es Menschen, die andere Dinge erwarteten und die so sehr an ihre eigenen Zukunftsprognosen glaubten, daß selbst das Wort Gottes nicht dagegen ankam. Andererseits gab es Menschen, die gar nichts mehr erwarteten. Die Propheten haben sich den Mund fusselig gepredigt, und was sie zu sagen hatten, will uns heute auch noch berühren und aufrütteln.

2. Mutig sein, heißt ein Herz haben!

Was erwarten wir für die Jugendarbeit? Wer sagt uns, was wir zu erwarten haben? Was ist deine persönliche Vision für die Arbeit, die du tust? Ich möchte ein paar Beispiele erzählen. Auf die Frage, was seine Sehnsucht für seinen CVJM sei, antwortet ein Hauptamtlicher: „Ich rechne damit, daß unsere Gruppen kleiner werden, und ich stelle mich darauf ein, daß das Interesse am Evangelium abnimmt." Wow! Da wird nach einer Sehnsucht, nach einer Hoffnung gefragt und die Antwort ist das Zeugnis, das sich anhört, als habe da einer aus seinem Herzen ein Meßgerät gemacht und aus seinem Kopf einen Fernseher! Wir müssen uns fragen: Welche Bilder prägen uns? Was beeindruckt uns als Mitarbeitende eigentlich? Sind wir bereit, unsere Sehnsucht zu wecken, auszubuddeln und zu nähren? Sind wir bereit, uns auf Gottes Pläne einzustellen, uns auf seine Spur setzen zu lassen? Wollen wir eine neue Leidenschaft für die Kinder und Jugendlichen, für die Menschen in unseren Städten und in unserem Land? Wollen wir mutig sein? Mutig sein, das heißt auch, ein Herz zu haben! Wir können zu Gott sagen: „Herr, ich erwarte viel von dir!"

3. Mutig sein, heißt motiviert sein!

Ein zweites Beispiel: Auf die Frage, warum immer weniger Jugendliche in den Bibelkreis kommen, antwortet eine ehrenamtliche Mitarbeiterin: „Die jungen Leute sind einfach nicht mehr motiviert, die gute Nachricht zu hören." Hm. Und warum machst du trotzdem noch immer diesen Bibelkreis? „Einer muß es ja schließlich machen." Mit wessen Motivation stimmt hier eigentlich etwas nicht? Treue und Pflichtbewußtsein in allen Ehren, aber wir müssen uns fragen, ob es sein kann, daß die jungen Menschen heute genauso wie immer eine gute Nachricht brauchen und sich nach nichts mehr sehnen als nach echter Liebe, nach guten Beziehungen, die ihnen zurecht helfen. Kann es sein, daß sie sehr wohl motiviert sind? Und kann es sein, daß jemand, der seinen Bibeljob tut, weil es halt einer machen muß, selbst erst wieder von dieser guten Nachricht begeistert und motiviert werden muß? Wir können zu Gott sagen: „Herr, gib uns deinen Geist und begeistere uns!" Aber Vorsicht! Das Problem ist, daß Gott dieses Gebet erhören wird! Also, laßt uns gut überlegen, was wir tun und wollen!

4. Entgegengehen

Ein drittes Beispiel: Eine Gruppe von Mitarbeitenden fühlt sich völlig überfordert. Sie sehen die Aufgaben, die sie vor sich haben und die Gott ihnen anvertraut hat, sie sehen die Bedürfnisse der Menschen und merken, daß sie nicht genug zu geben haben. Was sagt Jesus ihnen? „Geht hin und seht nach!" (Mk 6,38). Jesus möchte, daß wir genau hinsehen, was die Menschen mitbringen. Jesus legt uns ans Herz, die Menschen nicht als Problem zu sehen, sondern auch ihnen mit großen Erwartungen entgegenzugehen.

Die Menschen bringen alle etwas mit, haben etwas zu geben. Sie wollen und können sich mitteilen. Niemand kommt in die Kirche oder in den CVJM, um dort Gott zu finden und ihn dann für sich zu behalten. Das ist eine Illusion. Wir haben ihn ja auch nicht, wir besitzen ihn nicht. Die Menschen kommen, um an Gottes Gegenwart Anteil zu haben und zu geben. Das ist eine Tatsache, die demütig macht. Und Demut ist auch eine Form des Mutes, den wir so dringend brauchen.

Finden und Weitergeben

Die Mitarbeitenden, die damals, wie in Markus 6,35ff berichtet wird, zu Jesus kamen, fühlten sich überfordert, weil sie falsche Erwartungen hatten und weil sie zu wenig Erwartungen hatten. Von sich selbst als Jünger erwarteten sie zu viel und in diesem Fall wehrten sie sich dagegen. Von den Menschen, die ihnen anvertraut waren, und von Jesus erwarteten sie zu wenig. Und deshalb sagt Jesus: „Seht genau nach! Guckt noch einmal hin!“

1. Es ist alles da, was ihr braucht!

Ich habe den Eindruck, daß Jesus heute zu uns sagt: „Es ist alles da, was ihr braucht! Guckt noch einmal genau hin! Geht noch einmal los!“ Die Menschen, die Jugendlichen sind da, sie haben Hunger, sie haben Erwartungen, sie haben eine Sehnsucht nach dem Heiligen, nach Segen und guten Worten. Sie wissen besser als wir, daß sie Gerechtigkeit dringend brauchen, weil sie Frieden, Fairness, eine Chance, Treue und Glaubwürdigkeit lange nicht mehr erlebt haben. Das spüre ich in so vielen Begegnungen. Und Brot ist auch da! Brot und Fisch – es erscheint euch vielleicht zu wenig zu sein, aber wenn ihr es mit Jesus zusammenbringt, dann wird es reichen, es wird sogar mehr als genug sein. Und – auch das steht fest: Jesus ist da.

2. Wo sind die Hirten?

Vor Beginn der Geschichte von der Speisung der 5000 heißt es: „Jesus sah die große Menge; und sie jammerten ihn, denn sie waren wie Schafe, die keinen Hirten haben“ (Mk 6,34). Wir müssen uns auch diese Frage stellen lassen: Wo sind die Hirten? Wo sind die Mitarbeiterinnen und Mitarbeiter, die bereit sind, Verantwortung zu übernehmen? Was beschäftigt sie? Sind sie in einem frommen Selbsterfahrungskurs? Im Selbstmitleidseminar? Im neuesten Strategenmeeting und Trainingsprogramm? Sind sie in der Kuschelgruppe mit dem weitverbreiteten Motto: „Erst wer sich sattgekuschelt hat, kann auch anderen Wärme geben"? „Wo sind die Hirten?" fragt Jesus. Er fühlte Erbarmen, was auch wir nachspüren können, Erbarmen für Menschen, die verloren sind und sich auch so fühlen.

Fragen an Hirtinnen und Hirten

Für die Wirtschaft, für die Politik und die Kirche gleichermaßen stellt sich die Frage nach den Hirten, nach Leitung.

1. An die Generation der 60jährigen
Die 60jährigen müssen sich fragen lassen: Seid ihr bereit, noch einmal Zeuginnen und Zeugen zu sein für den Glauben und die Liebe, die euch die Kraft gibt? Seid ihr bereit, den Jüngeren euren Segen zu geben? Was tut ihr, damit die Jüngeren aufgebaut und vorbereitet werden? Seid ihr bereit, Macht zu teilen und Verantwortung abzugeben? Seid ihr bereit, neue Wege nicht nur zu dulden, sondern zu unterstützen? Seid ihr mißtrauisch oder habt ihr Vertrauen?

2. An die Generation der 40- bis 50jährigen
Wo seid ihr? Die 40- bis 50jährigen müssen sich fragen lassen: Seid ihr bereit, euch für eine große Sache zu engagieren? Seid ihr bereit zu helfen, daß in der Zeit der Ernte viele mithelfen und dabei auf das große Projekt Gottes achten? Seid ihr bereit, statt auf die Zäune, die so sorgfältig zur Trennung einzelner Gruppen, Parteien und Frömmigkeitsstile aufgebaut wurden, auf das reife Korn zu achten? Seid ihr bereit, über eure persönlichen Interessen hinweg der Jugend und der Jugendarbeit zu dienen? Seid ihr bereit, noch einmal etwas zu riskieren – auch Machtverlust und Sicherheit ? Ein (40jähriger) Pastor einer Londoner Gemeinde sagte einmal selbstkritisch: „We already have an image, cause all of us were made in the image of God. That

should be enough! – Wir haben schon ein Image, weil alle von uns das Image Gottes haben, Gottes Ebenbilder sind. Das sollte eigentlich reichen!"

3. An die Jüngeren

Die 20- bis 30jährigen müssen sich fragen lassen: Seid ihr (ich gehöre dazu) bereit, gegen die große Botschaft des Arbeitsmarktes, daß euch keiner braucht, trotzdem zu glauben, daß ihr sehr wohl gebraucht werdet? Seid ihr bereit, euch Vorbilder, Seelsorgerinnen und Seelsorger zu suchen, die euch begleiten und vorbereiten? Seid ihr bereit, euch erinnern zu lassen an die Erfahrungen der Älteren, an Tradition und Geschichte? „Remember" heißt erinnern, also wieder ein „Member", ein Mitglied werden! Seid ihr bereit, eure neuen Ideen, eure andere Sprache, eure Musik, euren Stil, eure Trends, eure Individualität, eure Großzügigkeit einzuordnen in die lange Geschichte Gottes? Seid ihr bereit zu sehen, daß es um Gott geht und nicht darum, was ihr schafft, könnt und befürchtet? Seid ihr bereit, Verantwortung zu übernehmen und damit auch bereit, Macht zu haben?

Mut braucht seine Geliebte, die Demut!

Noch ein paar kurze Gedanken zur Demut, einer besonderen Form des Mutes: Mein Vater sagte mir und vielen anderen immer das Wort auf den Kopf zu: „Erhebt eure Häupter, weil sich eure Erlösung naht!" (Lk 21,28). Meine Mutter hat einen anderen Akzent gesetzt: „In seine Lieb' versenken will ich mich ganz hinab. Mein Herz will ich ihm schenken und alles, was ich hab" (Paul Gerhardt). Das ist eine Art Gegenbewegung: Den Kopf heben und nach vorne sehen und gleichzeitig auch immer wieder sich in die Liebe versenken, sich nach unten beugen, die Tiefen ertragen. Ich denke, daß sich meine Eltern ganz großartig ergänzen! Mut braucht seine Geliebte, man könnte sagen seine „schwesterliche Seite". Mut braucht sein Gegenüber: die Demut, die Versenkung, die Rückbindung an die Liebe.

1. Jesus ist nicht zum Anhimmeln, sondern zum Nachmachen!
Neulich schrieb ein Leser des Jugendmagazins ZAC in einem Brief: „Jesus, der war anders, aber nicht zum Anhimmeln, sondern mehr so zum Nachmachen." Wenn Jesus mutig war und wenn er dafür nicht angehimmelt werden wollte, sondern Nachfolger suchte: Was hat Jesus getan, das wir nachmachen könnten? Welche Mutmach-Tips würde er uns wohl geben?

2. Viel essen!
Im gemeinsamen Essen muß ein Geheimnis stecken. Von Jesus wird erzählt, daß er mit den unterschiedlichsten Menschen Tischgemeinschaft hatte. Mal hat er nur seine engsten Freunde um sich gesammelt, oft war die Runde aber auch offen für andere. Es sind genau diese Erfahrungen, die hängenbleiben und auf Dauer prägen. Viele Menschen haben auf Freizeiten entscheidende Erfahrungen gemacht. In Gemeinschaft den Alltag teilen – das hat die Jesusgruppe vorgemacht. Sind wir bereit, Menschen an unsere Tische einzuladen und Brot zu teilen, Erfahrungen auszutauschen und uns selbst mitzuteilen? Gerade in der Gemeinschaft von Jüngeren und Älteren soll nicht nur zusammen gearbeitet und geplant, sondern auch gegessen und gefeiert werden. Jesus macht uns diese besondere Art der Gemeinschaft vor.
Bei aller Individualität – Jugendliche wollen nicht auf Gemeinschaft verzichten. Wie gemeinschaftsfähig sind aber wir selbst? Auch das ist eine Frage an die Hirtinnen und Hirten: Haben wir einen Ort, wo wir Gemeinschaft erleben, wo man offen ist und uns sagt, was man über uns denkt, wo wir nicht funktionieren müssen, wo wir wir selbst sein können, wo wir spielen, gewinnen und verlieren üben? Haben wir einen Ort, wo wir mit Menschen zusammen sind, die nicht abhängig sind von uns?

Konkret beten!

Jesus hat gebetet. Jede große Erweckung hat mit dem treuen und konkreten Gebet angefangen. Wir können das Gebet und die Kraft des Betens neu entdecken. Nur eins: Bete konkret! Gott möchte es genau wissen. Wenn du betest: „Herr, gib mir Kraft!", dann fragt er dich: Wieviel Kraft? Und wofür? Und dann sag ihm, was du meinst: Kraft, damit du nach einem langen Arbeitstag noch eine Stunde gut zuhören kannst. Oder wir beten um zehn neue Mitarbeiterinnen und Mitarbeiter im nächsten Jahr, für 400 Leute im Gottesdienst. Für eine Erweckung im Ruhrgebiet ... Und wir können dann heute schon überlegen, welche Strukturen wir brauchen, wenn das geschenkt wird, wofür wir gebetet haben. Nelson Mandela war 27 Jahre im Gefängnis. Er hat von sich selbst immer wieder gesagt, daß er „very well prepared" ist, sehr gut vorbereitet.Er hat mehrere Sprachen gelernt, Wirtschaft studiert usw. Er war vorbereitet, als es endlich so weit war und seine Erwartungen, seine Hoffnungen und Sehnsüchte Wirklichkeit wurden.
Sind wir vorbereitet darauf, daß Gottes Verheißungen eingelöst werden und daß unsere Gebet tatsächlich erhört werden?

Die neuen Jesus (dzi:zes)-Songs

Zum Gebet gehört auch die Anbetung – die Freude über Gott. Weil wir machtlos sind, können wir seine Macht loben. Weil die Welt oft so gnadenlos ist, können wir Gott an seine Gnade erinnern. Weil wir selbst oft lieblos sind, können wir Liebeslieder für Jesus singen.
Ten Sing, auch die Bewegung der Jesus Freaks oder ganz schlicht und ergreifend die vielen kleinen, neuen Jugendgottesdienste, in denen Jugendliche nicht als Konsumenten, sondern als Mitwirkende dabei sind, zeigen: Die Sehnsucht nach guten Worten wird von Jugendlichen artikuliert und findet über

Musik in Gemeinschaft ihren ganz eigenen Ausdruck. Musik ist wichtig – die Musik der Jugendlichen! Mut heißt hier für viele erst einmal, ein weites Herz zu haben, damit zu rechnen, daß Jugendliche ihren Beitrag leisten können und wollen, und darauf vertrauen, daß Segen ruhig „rattenscharf" genannt und Jesus auch mit „Grungemusik" gelobt werden kann.

Was bedeutet dir Segen?

Ganz besonders auffällig ist das Phänomen der sogenannten Segensbedürftigkeit. Warum ist heiraten wieder „in", wo doch keiner heutzutage mehr heiraten „muß"? Dahinter steckt das Wissen, daß es Worte gibt, die man sich nicht selbst sagen kann und die eine besondere Kraft haben. Da wird von außen ein Bedürfnis an uns herangetragen. Wie reagieren wir? Sagen wir, daß wir nicht dazu da sind, abergläubische Gefühle zu bedienen? Oder können wir entdecken, daß uns hier ein Trend an unsere eigenen Inhalte erinnert? Was bedeutet dir der Segen? Ist er das Zeichen, daß der Gottesdienst endlich zu Ende ist? Oder sehnen wir uns nicht selbst nach dieser Kraft von guten Worten? Nach dem Wort, das uns zugesagt wird?
Es ist kein Zufall, daß gerade der Segen wiederentdeckt wird. Was ihn auszeichnet ist ja, daß er mit Gesten verbunden ist. Dadurch bekommt das Segenswort etwas Ganzes, etwas Körperliches. Wenn mir meine Freundin zum Abschied die Hände auf die Schultern legt und mir zuspricht: „Gott segne dich", dann weiß ich: Das ist die Rückenstärkung, die ich brauche, um aufrecht gehen zu können. Jeder kann sich selbst motivieren, vielleicht sogar ermutigen, aber wir können uns nicht selbst segnen.

Phantasie

Hat Jesus Phantasie? Ja, um solche Geschichten zu erzählen wie er, brauchte er allerdings Phantasie und Mut. Manches, was er

gesagt hat, ist heute noch Anlaß zu heftigen Diskussionen. Er spricht eine andere Sprache. Die Bilder, die er gebraucht, kommen aus dem Alltag der Menschen, weil er sich nichts mehr wünscht, als daß sich Menschen in Gott verlieben können.
Sprache spiegelt Wirklichkeit wider: das Banale, das Unqualifizierte, das Nichtssagende, die Modewörter, die Erklärungen und Werbungen. Auch unsere Predigt, unsere Rede spiegelt etwas wider.

1. Befremdend und vertraut von Gott sprechen

Wenn Jesus von Gott redet, spiegeln seine Geschichten Wirklichkeit wider. Da kann Gott mit Bauern oder einem Bräutigam verglichen werden. Das Gottesreich wird zu einem Senfkorn, zu einer Perle. Gott wird mit einem liebenden Vater verglichen und mit einer Frau, die eine Münze verliert. Bis heute gehört Mut dazu, so von Gott zu sprechen. Jesus wollte zuallererst, daß die Leute ihn verstehen. Mit den Beispielen, die er erzählt, tritt er in die Warteschlange der Arbeiter und in die Küche der Frau, die den Sauerteig knetet, er tritt in das Leben seiner Zuhörerinnen und Zuhörer. Jesus spricht nicht wie ein Dogmatiker, er spricht wie ein Liebender.
Ein Beispiel: Bei meiner Arbeit in einem Frauenprojekt in Südafrika hatte ich ein Seminar mit schwarzen und weißen Frauen zu leiten. Die Atmosphäre war sehr angespannt. Es wurde gezischelt und getuschelt, Angst und Mißtrauen prägte die Atmosphäre. Wir wollten eigentlich eine Bibelarbeit machen, aber das war unmöglich. Es gab nur eins: schweigen oder streiten. Da wurden wir unterbrochen von einer schwarzen Frau, die (wie immer) zu spät kam. Sie war groß, sehr rund und breit, sie war außer Atem und schwitzte sehr. Als sie sich erschöpft auf einen Stuhl fallen ließ, zuckte die weiße Dame neben ihr zusammen und guckte pikiert. Die Schwarze schaute zurück und sagte mit großer Überzeugung: „God is sweating too! – Gott schwitzt auch!“

Wir haben das Thema unserer Bibelarbeit dann geändert und darüber gesprochen, ob Gott schwitzt oder nicht. Das war der Durchbruch für die Gruppe und für viele einzelne. Die einen waren eigentlich überzeugt, daß Gott (wie sie) Aircondition hat, die anderen sagten: „Jesus zeigt uns, daß Gott weiß, was es heißt, ein Mensch zu sein. Er schwitzt, er hat Hunger, er macht sich mit uns Sorgen um unsere Kinder, er kennt die Aidsgefahr, er ist arm, er hat keine Arbeit und keiner will ihm eine Chance geben."

Jugendliche, Frauen und Männer, Ausländer, Deutsche, Gäste und Insider wollen verstehen. Haben sie eine Chance, nicht verletzt, sondern ernstgenommen und miteinbezogen zu werden? Die weißen Frauen wurden nicht auf einmal auch arm, aber sie merkten: Wenn wir wollen, daß Menschen, die anders sind als wir, uns die Liebe Gottes glauben sollen, dann müssen wir etwas von ihnen wissen. Wir müssen teilen, und das heißt zuallererst uns selbst mitteilen. Wir können und müssen nicht die gleichen Erfahrungen machen, aber wir müssen etwas über diese Erfahrungen von anderen verstehen lernen. Alles andere ist faul und lieblos.

2. Deine Sprache verrät dich

Petrus wurde gesagt, daß ihn seine Sprache verrate. Man hörte seinem Dialekt an, aus welcher Gegend er kam und deshalb konnte man ihn der Jesusgruppe zuordnen. Was hieße das, wenn unsere Sprache uns verraten würde? Nicht im Sinne einer Sprache Kanaans, die vor lauter „Cherubim, König, Vorhöfen, versündigen, preisen, ein Fleisch werden, Waffenrüstung anziehen ..." nicht mehr wüßte, wovon wir eigentlich sprechen. Sondern im guten Sinne würde uns eine Sprache „verraten", die die Menschen, mit denen wir im Gespräch sind, ernst nimmt. Jugendliche haben dabei ein untrügliches Gefühl für das, was echt ist. Es geht nicht darum, sich anzubiedern und Jesus plötzlich auch „megacool" und „echt geil" zu finden

– mir würde das z.B. niemand glauben. Aber es bedeutet, daß wir genau hinsehen, wen wir vor uns haben. Und dann sprechen wie Liebende, damit andere Gott liebenswert finden können und sich verlieben.

Gesund werden und losgehen

Die Propheten und Jesus, die Gottesworte der alten Bibel ringen um uns. Sie erzählen die guten Geschichten, die uns nach vorne ziehen, uns inspirieren, begeistern, anstecken. Es gibt sie, die großen Verheißungswörter: Erlösung, Freude, Liebe, Gerechtigkeit, Frieden, Großzügigkeit, Versöhnung. Der Mut gehört dazu. Aber diese Verheißungswörter wollen zu „Tuwörtern" werden. Sind wir bereit, zu tun, was Gott uns zusagt? Sind wir bereit, in dem zu leben, was er schenkt?
Noch ein letztes Beispiel: Ich habe vor einigen Wochen eine sehr engagierte Predigt über das „Gesundschrumpfen" gehört. Da legte sich einer ins Zeug für alles Kleine. Kommen wir bald dahin, daß auch noch die biblischen Geschichten „gesundgeschrumpft" werden und aus der Zumutung der Speisung der 5000 eine Speisung der 500 wird? Wenn Jesus heute fragt: „Was willst du, daß ich dir tue?" dann sollten wir nicht sagen: „Laß uns gesundschrumpfen!", sondern uns trauen zu sagen: „Mach uns gesund!" Und wenn er sagt: „Steh auf, nimm dein Bett und geh!" dann können wir aufstehen, tanzen und losgehen. Von keinem einzigen Geheilten der Bibel heißt es, daß er einen Club gründete „Christlicher Verein aller Geheilten, die unter sich bleiben und alles für sich behalten wollen e.V."

Weshalb wir mutig werden

Zum Schluß: „Mit Jesus Christus mutig voran!" Der alte Jungschargruß erinnert uns an das Allerallerwichtigste: Jesus ist hier, er ist an unserer Seite. Er gibt uns gerne was ab, von sei-

nem Gottesmut, von seiner himmlischen Kreativität. Gerade denen, denen gar nicht mutig zumute ist.
Ist Jesus mutig? Ja, unbedingt. Jesus stört uns, aber er will nicht auf uns verzichten. Er macht uns freier, unbefangener, freundlicher und fröhlicher – und mutiger. Wir werden über uns hinauswachsen, wie Bäume sich dem Himmel entgegenstrecken.

***Christina Riecke**, Jahrgang 1969, aufgewachsen in Schalksmühle, nach dem Abitur missionarisches Jahr beim CVJM in Wuppertal-Heckinghausen, Beginn des Theologiestudiums in Wuppertal, 1994-95 Mitarbeiterin bei einem kirchlichen Frauenprojekt in Johannesburg/Südafrika, danach Fortsetzung des Studiums in Bochum, ist seit 1996 Redakteurin des Jugendmagazins ZAC, verheiratet, lebt in Essen und ist ehrenamtliche Mitarbeiterin im CVJM Essen.*

Zum Weiterdenken

1. Was erwarten wir von der Zukunft? Was erwarten wir für die Jugendarbeit? Was erwarten wir von Gott?
2. Fragen an die Generationen:
   - an die Generation der 60jährigen: Seid ihr bereit, den Jüngeren euren Segen zu geben?
   - an die Generation der 40 bis 50jährigen: Seid ihr bereit, euch für eine große Sache zu engagieren?
   - an die Jüngeren: Seid ihr bereit zu glauben, daß ihr sehr wohl gebraucht werdet?

   Und was antworten wir? Und was hören die anderen?

3. Mutmach-Tips
   - Viel essen: wie gemeinschaftsfähig sind wir selbst?
   - Konkret beten: Sind wir vorbereitet, daß Gott unser Gebet erhört?
   - Die neuen Jesus-Songs: Haben wir ein weites Herz für die Ausdrucksformen der Jugendlichen?
   - Segen: Was bedeutet dir der Segen?
   - Befremdend und vertraut von Gott sprechen: Wie reden wir von Gott?
   - Sich selbst mitteilen: Wie lernen wir die Erfahrungen der anderen kennen?

4. Wie können die großen Verheißungsworte Erlösung, Freude, Liebe, Gerechtigkeit, Frieden, Großzügigkeit, Versöhnung, Mut zu „Tuwörtern“ werden?

Anmerkungen

1 Dazu gehören: das zentrale Problem der Selbstfindung, die Ablösung von den Eltern, die kognitive Weiterentwicklung und Integration von Werten, der Abschluß von Schul- und Berufsausbildung und die Aufnahme und Unterhaltung von Kontakten zum anderen Geschlecht; vgl. W. Gernert, Jugendhilfe, UTB Wissenschaft, München 1993, S. 33
2 Horx, Das Zukunftsmanifest, S. 53
3 B. Schäfers, Soziologie des Jugendalters, Opladen 1994, S. 122
4 Vgl. Gerhard Schmidtchen, Wie weit ist der Weg nach Deutschland? Sozialpsychologie der Jugend in der postsozialistischen Welt, Opladen 2. Aufl. 1997, S. 44-48
5 Jugendwerk der Deutschen Shell (Hg.), Jugend ´97. Zukunftsperspektiven, gesellschaftliches Engagement, politische Orientierung, 12. Shell Jugendstudie, Opladen 1997, S. 299
6 ebd., S. 325
7 H. Barz, Postmoderne Religion, Jugend und Religion Bd. 2, Opladen 1992, S. 119
8 ebd., S. 122
9 Vgl. Elke Herms-Bohnhoff, Hotel Mama. Warum erwachsene Kinder heute nicht mehr ausziehen, 4. Auflage, Zürich 1993
10 G. Schmidtchen, a.a.O., S. 414
11 Jugend ´97, a.a.O., S. 369
12 Wer gerne tiefer in diese Thematik eintauchen möchte, dem seien die Arbeiten des Soziologen Ulrich Beck und seiner Frau Elisabeth Beck-Gernsheim empfohlen. Das bekannteste und grundlegendste Buch: Beck, Risikogesellschaft – Auf dem Weg in eine andere Moderne, Frankfurt/M 1986. Für eine aufschlußreiche Untersuchung der Jugend sind die Shell-Jugendstudien immer von großer Hilfe; ca. zwölf wurden in den letzten 40 Jahren veröffentlicht; die neuste (Jugend '97) beschäftigt sich eingehend mit Zukunftsperspektiven, gesellschaftlichem Engagement und politischen Orientierungen, a.a.O. Für den, der sich gerne mit Trends und Zukunftsperspektiven auseinandersetzt, möchte ich noch ein nicht gerade wissenschaftliches, aber dennoch äußerst zum Nachdenken anregendes Buch empfehlen: Faith Popcorn, Clicking. Trends für unsere Zukunft, München 1996
13 In der Shell-Jugendstudie '97 wurde beeindruckend nachgewiesen, daß Jugendliche aller Altersgruppen, in der Arbeitslosigkeit sowohl das Hauptproblem der Jugendlichen heute als auch das Hauptproblem unserer Gesellschaft sehen.
14 Alle folgenden Seitenangaben beziehen sich auf „Kursbuch Jugendkultur – Stile, Szenen und Identitäten vor der Jahrtausendwende", herausgegeben von SPoKK, Mannheim 1997.
15 Renate Faerber-Husemann, Zu gut für diese Welt, Deutsches Sonntagsblatt

(DS) 5/98, 4
16 DS 5/98
17 vgl. Franz Alt – Jesus, der erste neue Mann, München 1989, S. 118f
18 Eine Fülle von Hilfestellungen und Anregungen finden sich in: Ken Davis, Wie spreche ich mit Teens, ohne sie abzutörnen, Asslar 1998.
19 Andreas Malessa, Kanaanäisch für Anfänger, Wiesbaden 1984
20 Martin Luther, Ein Sendbrief vom Dolmetschen, in Luther Deutsch, hrsg. von Kurt Aland, Bd 5, Berlin 1963, S. 83-85
21 Klaus Haacker, Neutestamentliche Wissenschaft, Wuppertal 1981, S. 30f
22 Charles R. Taber, Theorie und Praxis des Übersetzens; zit. nach Haacker, Neutestamentliche Wissenschaft, S. 28-29
23 Theologisches Begriffslexikon zum Neuen Testament, Wuppertal 1977, S. 896
24 ebd.
25 Heidelberger Katechismus, Frage 2, in Bekenntnisse der Kirche, Wuppertal 1997
26 Fritz und Christian A. Schwarz, Theologie des Gemeindeaufbaus, Neukirchen-Vluyn 1984, S. 114f
27 Anselm Grün OSB, Bilder von Verwandlung, 6. Auflage, Münsterschwarzach 1996
28 Sabine Naegeli, Die Nacht ist voller Sterne, 13. Auflage, Freiburg 1998
29 nach einer französischen Legende
30 Gertrud und Thomas Sartory, Antonius der Große – Stern der Wüste – Texte zum Nachdenken, Freiburg/Basel/Wien 1989

Dieter Roll
Einstiege

Impulse für
Mitarbeiterinnen und
Mitarbeiter
Herausgegeben von
Ulrich Parzany

176 Seiten; Taschenbuch
ISBN 3-7615-3513-9
Best.-Nr. 113 513

Der Einstieg ist immer am schwersten, das ist in jeder Jugendstunde so, aber auch sonst. Ein gelungener Einstieg macht Mut. „Einstiege" von Dieter Roll sind ursprünglich Briefe an die Mitarbeiterinnen und Mitarbeiter für die „Mitarbeiterhilfe" gewesen.
Jetzt geht der Impuls weiter:
Einstiege sind Hinweise für die Praxis.
Einstiege sind Grundsatzartikel. Sie öffnen nicht nur die Tür, sie führen tiefer zu dem zu erschließenden Raum.

Aussaat Verlag · Neukirchen-Vluyn

Michael Jahnke
Patrick Depuhl
Jugendarbeit kreaktiv

240 Seiten;
Paperback
ISBN 3-7615-4906-7
Best.-Nr. 154 906

Jugendarbeit kreaktiv: Es ist toll, was sich Michael Jahnke und Patrick Depuhl hier geleistet haben.
Jugendarbeit kreaktiv ...
... weist nach vorne und bereichert den, der sich darauf einläßt, auf allen Ebenen: persönlich, geistlich, geistig und natürlich in bezug auf die eigene Jugendarbeit.
Mein Urteil: Dieses Buch ist ein Muß. Für jeden, der Jugendliche gern hat und ihnen das Beste nicht vorenthalten will.
Denn schließlich hat jeder, auch der heutige Jugendliche, ein Menschenrecht darauf, Jesus zu kennen. Und wir haben die Verpflichtung, ihm Jesus nicht zu vergraulen, sondern mit allen Mitteln der Kunst lieb zu machen. Mit der Phantasie der Liebe und der Begeisterung, die dann entsteht, wenn man wirklich von der Sache überzeugt ist.
Jugendarbeit kreaktiv. Hier lernen wir nicht nur Wie, sondern auch Was, Warum, Womit, Wozu und vieles mehr. Wow!

Aus dem Vorwort von Roland Werner

Aussaat Verlag · Neukirchen-Vluyn